rororo sport

Herausgegeben von Bernd Gottwald

Jürgen Freiwald/Sabine Letuwnik

Bodytrainer Partner

Die besten Übungen zu zweit

Mit Fotos von Horst Lichte

Rowohlt Taschenbuch Verlag

Originalausgabe
Veröffentlicht im Rowohlt Taschenbuch Verlag GmbH,
Reinbek bei Hamburg, Juli 2001
Copyright © 1994/1996/2001 by Rowohlt Taschenbuch Verlag GmbH,
Reinbek bei Hamburg
Idee: Anja Blänsdorf
Umschlaggestaltung any.way, Barbara Hanke, Cordula Schmidt
(Foto: Patrick Beier)
Satz Sabon und Frutiger PostScript Linotype Library,
QuarkXPress 4.0 bei Langosch Grafik & DTP, Hamburg
Druck und Bindung Clausen & Bosse, Leck
Printed in Germany
ISBN 3 499 61017 5

Die Schreibweise entspricht den Regeln der neuen Rechtschreibung.

Inhalt

Das sollte man wissen

Einführung

Alltag und Beruf sind heute im Allgemeinen von Bewegungsarmut oder sehr einseitigen Bewegungsabläufen gekennzeichnet. Ein körperlicher und geistiger Ausgleich ist unbedingt notwendig geworden, Sport kann einen solchen Ausgleich darstellen. Die hier vorgestellte Partnergymnastik bietet neben dem Ausgleich alltäglicher (einseitiger) Belastungen die Möglichkeit, gemeinsam mit einem Partner etwas für das Wohlbefinden und die körperlich-seelische Fitness zu tun. Planen Sie in Ihren Tagesablauf die notwendige Zeit für das Training fest ein, halten Sie sich möglichst an die vorgesehenen Termine, sonst kommt Ihnen immer ‹etwas dazwischen›.

Wenn kein Sportverein mit einem geeigneten Angebot oder kein kommerzielles Studio sich in Ihrer Nähe befindet oder Sie zeitlich unabhängig und zu Hause trainieren wollen, dann bietet dieses Buch genügend Anleitung.

Wir haben eine reiche Auswahl an Übungen zusammengestellt, durch deren geschickte Kombination Sie sich ein individuelles Programm zusammenstellen können, ob als Anfänger oder als Fortgeschrittener.

Fitness- und Bodytrainer Partner –
was ist das?

Wir erwarten vom Fitnesstraining nicht nur eine körperliche und geistige Leistungssteigerung, wir streben Gesundheit an, den Inbegriff für Wohlbefinden in körperlicher, seelischer und sozialer Hinsicht. Ebenso erwarten wir vom Training eine figürliche Verbesserung, die sowohl für das weibliche als auch das männliche Selbstbewusstsein wichtig ist.

In den Medien, aber auch in den Prospekten der Fitnessstudios erscheinen immer mehr und zunehmend verwirrende Begriffe. Da wird z. B. von Bodybuilding, Bodysliming, Bodystyling, Bodyforming und -modelling gesprochen. In den letzten Jahren kamen in Kursen und auf dem Büchermarkt weitere Tendenzen wie ‹Callanetics› oder ‹spezielle Dehnungen› (Stretching) hinzu. Lassen Sie sich nicht verwirren. Alle Begriffe sollen uns nur etwas über die Ziele suggerieren, die mit dem Training angestrebt werden sollen. Eines haben alle gemeinsam: Es wird mit und ohne Geräte trainiert, und es wird ein Kraft-, Beweglichkeits- und Ausdauertraining in isolierter oder in kombinierter Form durchgeführt! Das hört sich nicht so toll an, sagt aber alles über die tatsächlichen Inhalte aus. Denken Sie nicht, wenn wieder ein neuer Name für altbekannte Inhalte auftaucht, dass Sie irgendeinen Trend verpassen. Es kommt nur auf Sie und Ihre persönlichen Ziele an. Und auf das durchgeführte Training, das Erfolge bringen soll. Gerade im Sinne der Motivation ist es eine tolle Sache, mit einem Partner zu trainieren. Durch gegenseitiges Aufmuntern kann man sich bestens helfen.

Positive Folgen körperlichen Trainings
❑ verbessertes Allgemeinbefinden
❑ verbessertes Selbstwertgefühl
❑ verbessertes Körperbewusstsein
❑ geringere Depressionsneigung, verringerte Unruhe
❑ vermehrte Ausgeglichenheit
❑ erholsamer Schlaf
❑ verbessertes Sozialverhalten, vermehrte Kontakte
❑ verbesserte Konzentrationsfähigkeit
❑ verbesserte Stressbewältigung
❑ verminderter Konsum von Alkohol und Medikamenten
❑ bewussteres Ernährungsverhalten
❑ vermindertes Übergewicht, Fettabbau
❑ Schutz vor Herz-Kreislauf-Erkrankungen
❑ Senkung des Fettspiegels im Blut
❑ gestärkte Widerstandskraft gegenüber Krankheiten
❑ verbesserte Verdauungstätigkeit

Erfolge können Sie nur dann erzielen, wenn Sie *regelmäßig* trainieren. Als günstig haben sich zwei bis drei Trainingseinheiten pro Woche erwiesen; trainieren Sie lieber dreimal eine Stunde innerhalb einer Woche als einmal zwei Stunden lang mit folgenden sechs Tagen Pause. Sie müssen *dauerhaft* trainieren. In diesem Sinne ist der Spruch «Einmal ist keinmal» nicht dumm, sondern richtig. Nach nur kurzer Zeit, meist schon nach zwei Trainingseinheiten, fühlen Sie sich wohler und ‹straffer› (vgl. Abb. 1), denn durch Training verändert sich innerhalb kürzester Zeit der Spannungszustand der Muskulatur. Messbare Zuwächse Ihrer Fitness können in Abhängigkeit von Ihrem konditionellen Zustand zu Beginn des Trainings schon nach einer Woche festgestellt werden.

Weder für die Fitness noch für die Figur können Sie etwas erreichen, wenn Sie das Training nicht ernst nehmen. Das heißt nicht verbissen zu trainieren, ernsthaft trainieren heißt, sich auf die Übungen zu konzentrieren und auch mal dann, wenn's anstrengend wird, auf die Zähne beißen. *Überwinden* Sie sich auch mal dann, wenn's anstrengend wird, wenn Sie ins Schwitzen kommen. «Ohne Fleiß kein Preis.»

Was heißt eigentlich fit? Zauberwort «Kondition»

Sich fit zu fühlen und fit zu sein heißt über eine ausreichende Kondition zu verfügen. Mit einer Verbesserung der Kondition ist auch immer eine Verbesserung der Figur verbunden. Der Begriff ‹Kondition› beschreibt fünf Grundeigenschaften, die in ihrer ausgeglichenen Entwicklung eine gute Kondition ausmachen: Ausdauer, Kraft, Schnelligkeit, Beweglichkeit, Koordination.

Grundmotorische Eigenschaften (Kondition)
❑ Ausdauer
❑ Kraft
❑ Schnelligkeit
❑ Beweglichkeit
❑ Koordination

Wozu brauche ich Ausdauer?

Eine verbesserte Ausdauer versetzt Sie in die Lage, sportliches Training länger durchzustehen, da Ermüdung erst später eintritt und eine Erholung von Belastungen schneller erfolgt.

Die erhöhte Ausdauer wird aber nicht nur während der sportlichen Tätigkeit spürbar. Im Alltag macht sich eine gute Ausdauer ebenfalls positiv bemerkbar. Konzentrationsmängel während der Arbeit nehmen ebenso ab wie körperliche Erschöpfungszustände, die seltener auftreten und von denen Sie sich schneller erholen.

Bei regelmäßig durchgeführtem Ausdauertraining passt sich Ihr Herz durch eine Vergrößerung an. Um die gleiche Menge Blut durch das Gefäßsystem zu pumpen, benötigt Ihr Herz nun weniger Schläge, der Ruhepuls sinkt. Ein Rechenbeispiel soll diesen Effekt verdeutlichen: Ein gesunder, untrainierter Mann hat einen Ruhepuls von ca. 70 Schlägen in der Minute. Nach einem regelmäßig durchgeführten Ausdauertraining hat sich die Ruhepulsfrequenz auf 60 Schläge in der Minute vermindert. Vor Aufnahme eines Ausdauertrainings schlug das Herz des Mannes jeden Tag 100 800-mal am Tag, nun nur noch 86 400-mal.

Ein weiterer Effekt des Ausdauertrainings ist die bessere Nährstoffversorgung des Herzens selbst sowie die Blutversorgung des gesamten Körpers. Ausdauertraining hat einen positiven Einfluss auf das Blutdruckverhalten (Regulationsfähigkeit; Verringerung von Bluthochdruck).

Und noch eines: Ausdauertraining ist *die* Trainingsform, die den größten Schutz gegenüber Herz-Kreislauf-Erkrankungen darstellt, leider auch noch heute die Todesursache Nr. 1 in der westlichen Welt.

So kann ich die Ausdauer trainieren

Ausdauer wird dadurch trainiert, dass große Muskelgruppen an den Bewegungen beteiligt sind. Damit wird das Herz-Kreislauf-System intensiv beansprucht. Das ist z. B. beim Laufen, Schwimmen und Radfahren der Fall. Eine entsprechend geplante Fitness-Partnergymnastik bringt ebenfalls eine deutliche Verbesserung der Ausdauer.

Es gibt zwei Methoden, um die Ausdauer zu entwickeln. Es sind dies die Dauermethode und die extensive Intervallmethode.

Bei der *Dauermethode* muss eine Leistung über einen längeren Zeitraum durchgehalten werden. Ab ca. 10 Minuten Dauerleistung werden Trainingseffekte mess- und spürbar. Um das Training zu kontrollieren, bietet sich die Messung der Pulsfrequenz während des Trainings an. Als Faustregel gelten bei Belastungen wie Fahrradfahren und Schwimmen 180 Pulsschläge in der Minute minus Lebensalter. Eine vierzigjährige Frau sollte auf dem Fahrrad eine Pulsfrequenz von 180 – 40 = 140 über mindestens 10 Minuten durchgehend erreichen und halten. Beim Laufen werden etwa zwanzig Pulsschläge hinzugerechnet, da beim Laufen größere Muskelmassen in den Bewegungsablauf mit einbezogen werden. Das Gleiche gilt bei der Aufwärm- bzw. Ausdauerphase der Partner-Fitnessgymnastik. Die Pulsfrequenz sollte während des Trainings für die vierzigjährige Frau in diesem Falle bei ca. 140–160 liegen.

Der Puls wird auf dem Fahrrad während der Belastung gemessen, beim Laufen bzw. der Partner-Fitnessgymnastik direkt nach Beendigung des Laufens während des Gehens.

Der Puls kann am Unterarm (Handgelenk), an der Halsschlagader oder ganz einfach durch flaches Auflegen der Hand auf das Herz erfühlt werden. Messen Sie den Puls 15 Sekunden lang und multiplizieren den erhaltenen Wert mit vier. So erhalten Sie eine brauchbare Aussage über die Dosierung und Effektivität Ihres Ausdauertrainings, und Sie schützen sich vor Überforderung.

Die *extensive Intervallmethode* bedeutet einen Wechsel zwischen Belastung und Entlastung. Der Pulswert sollte während der Belastung 160–180 Schläge in der Minute betragen. Auf die Belastung folgt eine aktive Pause, während der der Puls auf ca. 120 PF/min fällt. Diese Intervalle werden je nach Leistungsfähigkeit mehrfach wiederholt. Beim Radfahren kann das Training so gestaltet werden, dass Sie ca. eine Minute gegen einen erhöhten Widerstand kräftig treten, um dann die nächste Minute nur locker und fast ohne Widerstand zu ‹radeln›. Bei der Partner-Fitnessgymnastik können einzelne Übungen aus dem ‹Warm-up› mit hoher Geschwindigkeit (z. B. Laufen auf der Stelle, Hampelmann, u. a.) mehrfach für ca. 1 bis 2 Minuten durchgeführt werden. Anschließend wird so lange pausiert (Gehen!), bis der Puls wieder auf ca. 120 Schl./min abgesunken ist. Es folgt die erneute Belastungsphase.

Wozu brauche ich Kraft?

Kraft wird benötigt, wenn wir Gewichtsbelastungen bewältigen. Vielfach wird nur das als der Einsatz von Kraft empfunden. Es muss jedoch auch bedacht werden, dass, nur um uns gegen die Schwerkraft aufrechtzuerhalten, eine ausreichende Kraft vonnöten ist. Fehlt diese Kraft oder können wir sie nicht über den ganzen Tag hinweg aufbringen, ist die Folge ein Haltungsverfall. Die Muskeln verkrampfen und verspannen sich, Schmerzen entstehen, und als Konsequenz treten möglicherweise negative (degenerative) Veränderungen an der Wirbelsäule oder anderen Gelenken auf. Eine ausreichende Entwicklung der Kraft sichert sowohl die aufrechte Haltung als auch die Führung und Stabilität der Gelenke.

Es gibt Tendenzen, dass bevorzugt ganz bestimmte Muskeln zur Abschwächung neigen. Dies ist zum einen durch eine anlagebedingte Tendenz gegeben, zum anderen jedoch und in erster Linie durch die (fehlenden!) Beanspruchungen des Alltags oder meist einseitige muskuläre Beanspruchung. Zu diesen häufig abgeschwächten Muskeln gehören in erster Linie die Bauch-, Rücken- und Gesäßmuskulatur sowie die Muskeln des Schultergürtels. Diesen Tendenzen kann man durch ein gut geplantes kräftigendes Programm entgegenwirken.

Kraft ist abhängig von einer gut ausgeprägten Muskulatur, die wir durch Training entwickeln können. Neben den gesundheitlichen Wirkungen hat die Entwicklung von Kraft durch Krafttrainingsreize auch positive Nebeneffekte: Sie werden auch in anderen Sportarten deutlich leistungsfähiger, Sie werden muskulöser, die Figur verbessert sich, Sie sehen besser aus und fühlen sich wohler!

So kann ich die Kraft trainieren

Für das Krafttraining gibt es die verschiedensten Methoden. Bei der Partner-Fitnessgymnastik, die neben einer verbesserten Fitness gleichzeitig zu einer besseren Figur führen soll, ist folgendes wichtig: sehr viele Wiederholungen mit leichteren bis mittleren Widerständen. Zwischen den Sätzen (ein Satz besteht beispielsweise aus 10–20 Wiederholungen) werden Pausen von ca. 2–3 Minuten eingehalten. Die Pausen sollten aktiv gestaltet werden. Gehen, Ausschütteln der Arme und Beine oder Dehnungsübungen (vgl. Übungen D 1–D 21) bieten sich an.

Wozu brauche ich Schnelligkeit?

Schnelligkeit und Reaktionsvermögen ermöglichen die schnelle Ausführung von Bewegungen. Ohne die Fähigkeit der Schnelligkeit speziell anzusprechen, wird sie bei der Partnergymnastik mit entwickelt. Eine Erhöhung der Kraftfähigkeiten und die Entwicklung der koordinativen Fähigkeiten führt zu einer verbesserten Schnelligkeit. Schnelles Reagieren ist in allen Sportarten von großer Wichtigkeit, und genauso hat die Entwicklung der Schnelligkeit Bedeutung im täglichen Leben, beispielsweise das schnelle Reagieren auf eine Bodenunebenheit. Viele ‹Stolperer› im Alltag würden bei einer gut entwickelten Schnelligkeit (plus Kraft und Koordination) ihre schwerwiegenden Folgen nicht nach sich ziehen können. Sie agieren schnell und wenden Verletzungen ab. Schnelligkeit kann Ihnen aber auch dazu dienen, einen Bus durch einen beherzten ‹Antritt› noch zu erreichen…

So kann ich die Schnelligkeit trainieren

Schnelligkeit wird am besten durch die Wiederholungsmethode trainiert. Bewegungen werden so schnell wie möglich durchgeführt, und es wird nur so lange trainiert, wie die Schnelligkeit der Bewegung nicht nachlässt. Eine weitere Möglichkeit zur Verbesserung der Schnelligkeit sind der Einsatz der Maximalkraftmethode und der sogenannten Reaktivmethoden im Krafttraining. Beide Trainingsformen sind im Rahmen der Partner-Fitnessgymnastik nicht durchführbar. Trotzdem werden Sie durch die Steigerung Ihrer koordinativen Fähigkeiten und die Steigerung der Kraft Ihre Schnelligkeit deutlich verbessern.

Wozu brauche ich Beweglichkeit?

Beweglichkeit ermöglicht das Ausschöpfen des gesamten Bewegungsumfangs unserer Gelenke. Männer sind nicht ganz so beweglich wie Frauen. Das liegt u. a. an der unterschiedlichen hormonellen Ausstattung. Unter dem Einfluss des Hormons Östrogen ist eine größere Wassereinlagerung in den Muskeln der Frauen zu beobachten, der Fettanteil ist höher, die Elastizität in den Geweben ausgeprägter.

Eine ausreichende Entwicklung der Beweglichkeit ist in vielen alltäglichen Situationen notwendig, sei es beim Erreichen eines Gegenstandes auf einem hohen Regal, beim Knien, beim Ein- und Aussteigen aus der Badewanne, beim Schuhezuschnüren usw.

Es gibt Muskeln, die zur Abschwächung, und solche, die zur Hyperaktivität neigen. Diese grundsätzlichen Tendenzen können durch einseitige alltägliche und sportliche Tätigkeiten verstärkt werden. So sind bei Fußballspielern häufig hyperaktive Hüftbeuger und beim Tennisspieler hyperaktive Nackenmuskeln durch die jeweils typischen Haltungen und Bewegungen zu finden. Bei der Bildschirmarbeitskraft kann man des öfteren eine hyperaktive Brustmuskulatur in Kombination mit abgeschwächten und gleichzeitig ‹verspannten› Schulter-Nacken-Muskeln beobachten.

Zur Hyperaktivität (Verkürzung) neigende Muskulatur – bevorzugt dehnen
❏ Brustmuskulatur (Pectoralis)
❏ Kapuzenmuskel (Trapezius)
❏ Schulterblattheber (Levator scapulae)
❏ Rückenstrecker (Hals- und Lendenbereich)
❏ Viereckiger Lendenmuskel (Quadratus lumborum)
❏ Hüftgelenkbeuger (Iliopsoas)
❏ Schenkelanzieher (Adduktoren)
❏ Schenkelbindenspanner (Tensor fasciae latae)
❏ Kniegelenkstrecker zweigelenkiger Anteil (Rectus femoris)
❏ Kniegelenkbeuger (Ischiocrurales)
❏ Wadenmuskulatur (Gastrognemius; Soleus)

Zur Abschwächung neigende Muskulatur – bevorzugt kräftigen
❏ Rautenmuskulatur (Rhomboideen)
❏ Seitlicher Sägemuskel (Serratus anterior)
❏ Rückenstrecker im mittleren Brustwirbelsäulenbereich
❏ Gerade und schräge Bauchmuskulatur (Abdominis rectus u. obliquus)
❏ Gesäßmuskulatur (Glutaen)
❏ Kniegelenkstrecker (eingelenkige Anteile, Vastus medialis, intermedialis u. lateralis)
❏ Schienbeinmuskulatur (Tibialis anterior)
❏ Fußmuskulatur

Ursachen können sowohl Krankheiten (z. B. der Wirbelsäule) oder immer wiederkehrende Bewegungsabläufe im Alltag oder im Sport sein. Wenn Erkrankungen oder Schädigungen eine Rolle spielen, dann können normalerweise eher zur Abschwächung neigende Muskeln ein gegenteiliges Verhalten zeigen. So sind beispielsweise bestimmte Wirbelsäulenerkrankungen mit verkürzten Bauchmuskeln verbunden, die ansonsten meist abgeschwächt sind. Bei solchen Problemen kann nur der Arzt (Orthopäde) der geeignete Ansprechpartner sein. Unkritisch durchgeführte Dehnungen sind hier fehl am Platze.

Bei gesunden Menschen kann den im Folgenden aufgezeigten Tendenzen hyperaktiver bzw. abgeschwächter Muskulatur im Rahmen des Auf- und Abwärmens oder mit einem speziell ausgearbeiteten Partner-Fitnessprogramm entgegengewirkt werden. Es sollten, am besten in das Aufwärmprogramm integriert, vorsorglich die zur Hyperaktivität neigenden Muskeln gedehnt werden. Bei muskulären Dysbalancen, die durch einseitige sportliche Tätigkeiten bedingt sind, sollten die hyperaktiven Muskeln gedehnt und ihre Gegenspieler gekräftigt werden. In die Dehnungen sollten in erster Linie die Schulter-Nacken-Muskulatur, die Brustmuskulatur, die hüftbeugende Muskulatur, die das Kniegelenk streckende und beugende Muskulatur sowie die Wadenmuskulatur mit einbezogen werden.

In der sportlichen Praxis bedeutet das, dass wir insbesondere in Verbindung mit einem Krafttraining unsere Beweglichkeit durch gezielte Dehnungen erhalten bzw. verbessern sollten. Die Trainingsreize zur Verbesserung der Beweglichkeit können sehr gut in den Ablauf des Partner-Fitnesstrainings, z. B. in das Aufwärmen und Vorbereiten, integriert werden.

Neben dem Ziel der Verbesserung der Beweglichkeit hat ein gezielt durchgeführtes Dehnungsprogramm als integraler Bestandteil eines jeden Trainings auch einen verletzungs- und schädigungsvorbeugenden Effekt, den Sie im Sinne Ihrer Gesundheit unbedingt nutzen sollten!

Wie kann ich die Beweglichkeit trainieren?

Das gezielte Training der Beweglichkeit erfolgt *nach* dem Aufwärmen und vor Beginn der eigentlichen Partnergymnastik (vgl. Übungen D 1–D 4). Beweglichkeit wird mit der Wiederholungsmethode entwickelt, das heißt, es werden gleiche Bewegungen häufig und mit zwischengeschalteten Pausen wiederholt. Während der Partnergymnastik können Sie zwischen den einzelnen Übungen gezielte Dehnungsübungen für die vorher beanspruchte Muskulatur einflechten (D 1–D 19).

Wozu brauche ich Koordination?

Koordination bedeutet das geordnete und situationsgerechte Zusammenspiel der Muskulatur. Gut entwickelte koordinative Fähigkeiten ermöglichen die optimale Realisierung des Bewegungsrepertoires. Wenn z. B. während einer Fitnessgymnastikstunde ein Trainer neue Übungen präsentiert, dann fällt es Ihnen bei gut entwickelten koordinativen Fähigkeiten leichter, die neuen Übungen nachzumachen. Sie lernen neue Bewegungen besser und können sie mit Leichtigkeit und in veränderter Zusammenstellung neu verknüpfen.

So kann ich die koordinativen Fähigkeiten trainieren

Koordinative Fähigkeiten werden dadurch trainiert, dass man sich wechselnden Anforderungen aussetzt. Das kann innerhalb einer Gymnastikstunde das ständige Anpassen an ungewohnte Aufgabenstellungen und veränderte Situationen bedeuten. Die Orientierung im Raum kann durch schnelle Drehungen gefördert werden, das Gleichgewichtsvermögen durch Balancieren auf einer schmalen durch Seile gekennzeichneten Bahn oder Balancieren auf nur einem Bein auf einem Minitrampolin. Wendigkeit wird z. B. durch Slalomläufe oder in Spielsportarten entwickelt und Kombinationsvermögen durch die Kombination verschiedenartiger Bewegungen. All diese Fähigkeiten machen in ihrer Gesamtheit ein gut ausgebildetes koordinatives Vermögen aus.

Im Rahmen der Partner-Fitnessgymnastik spiegeln sich diese Anforderungen wider. Vielfach wird auf nur einem Bein gestanden, der Partner bringt durch sein Verhalten zusätzliche Anforderungen in die Situation mit ein. Manche Übungen sind nicht einfach, die Durchführung stellt Anforderungen an die Koordination und entwickelt sie dadurch.

In der sportlichen Praxis gibt es kaum eine Sportart, die nur einer der grundmotorischen Eigenschaften Ausdauer, Kraft, Schnelligkeit, Beweglichkeit und Koordination zuzuordnen ist. Auch im Alltag bestehen Belastungssituationen nicht nur in der Anforderung an eine einzige Grundeigenschaft. In unseren Trainingsvorschlägen sind alle Grundeigenschaften umfassend angesprochen – für Ihre allseitig und harmonisch entwickelte Fitness.

Frau und Mann

Partner-Fitnessgymnastik wird erfahrungsgemäß am häufigsten gemeinsam von Frau und Mann durchgeführt. Das kann aufgrund der geschlechtsspezifisch unterschiedlichen Körperbaumerkmale bei einigen Übungen zu Problemen führen. Am deutlichsten werden die

Sexualunterschiede am aktiven und am passiven Bewegungsapparat. Männer sind um ca. 8–12 cm größer als Frauen, das Körpergewicht ist ebenfalls höher. Männer haben einen höheren Muskelanteil am Gesamtkörpergewicht, beim Mann beträgt dieser Anteil am Gesamtkörpergewicht ca. 42 %, bei der Frau ca. 36 %, Frauen haben dagegen einen höheren Fettanteil (ca. 28 %; Mann 18 %). Die genannten Werte sind natürlich nur durchschnittliche Werte, die bei beiden Geschlechtern im Einzelfall extrem stark differieren können. Sie sind sowohl durch Ernährung als auch durch Training stark beeinflussbar. Der höhere Anteil von Muskelmasse am Gesamtkörpergewicht bedingt beim Mann im Vergleich zur Frau eine um ca. 20 % bis 30 % höhere Kraft. Die Kraftdifferenzen zwischen den Geschlechtern sind im Bereich der oberen Extremitäten ausgeprägter, sie werden bei Übungen wie Liegestützen und Klimmzügen besonders deutlich. Die Konsequenzen dieser geschlechtsspezifischen Unterschiede sind in der Weise zu beobachten, dass einige Übungen, besonders im Bereich der Beweglichkeit, Frauen leichter fallen. Dagegen haben Männer im Allgemeinen bei kraftorientierten Übungen weniger Schwierigkeiten. Um die Belastungen für beide Geschlechter optimal zu steuern, sollten sich die Partner an der Skala zur individuellen Belastungseinschätzung orientieren (vgl. Seite 29).

Training und Figur

Genügt sportliches Training, um figürliche Idealvorstellungen zu erreichen? Diese Frage wird immer wieder gestellt und ist nicht pauschal zu beantworten. Die Figur ist immer abhängig von Erbfaktoren, dem Körperbautyp. Sie ist beeinflussbar durch Nahrungsaufnahme (Nährstoffaufnahme) und den Nährstoffverbrauch, also die Kalorienbilanz. Nehmen Sie mehr Kalorien zu sich, als Sie verbrauchen, werden Sie zunehmen. Die überschüssigen Kalorien werden in Speicherfetten abgelagert. Am häufigsten wird beim Mann als ‹Problemzone› der Bauch, bei den Frauen die Brust, die hinteren Oberarme, der Bauch, die Taille und die Beine genannt.

Was tun? Es gibt zwei grundsätzliche Möglichkeiten: Sie essen weniger, oder Sie erhöhen ihren Kalorienverbrauch durch sportliches Training.

Und es gibt eine dritte, noch bessere Möglichkeit: Sie trainieren und nehmen weniger bzw. bewusster (leichtere) Nahrung zu sich. Sie nehmen ab und können durch das Training gezielt Einfluss auf Ihre Figur nehmen. Und noch eines: Training mit leichten Widerständen und im Ausdauerbereich hemmt erfahrungsgemäß den Appetit. Legen Sie Ihre Trainingszeit ein bis maximal zwei Stunden vor die übliche Essenszeit... probieren Sie es!

Fett wird dadurch abgebaut, dass Sie z. B. durch Sport einen erhöhten Energieverbrauch haben, aber gleichzeitig der gesamte Energiebedarf nicht aus der zugenommenen Nahrungsmenge gedeckt werden kann. Deshalb werden Fette aus dem Fettgewebe ‹gelöst› und zu Energie umgewandelt. Um diesen Prozess in Gang zu setzen, eignen sich alle Trainingsformen mit geringer Intensität und von längerer Dauer.

Fettpolster vermindern sich am ehesten dort, wo sie sich zuletzt angesetzt haben. Bei entsprechender Trainingsgestaltung, die den Fettstoffwechsel aktiviert (lang dauernde, nicht zu intensive Belastungen), werden die Polster am ganzen Körper spürbar abnehmen. Abschied muss jedoch von dem Versprechen genommen werden, dass sich die direkt über einer Muskelgruppe gelegenen ‹Pölsterchen› mittels der Arbeit der darunter liegenden Muskulatur auflösen. Am Beispiel des Bauches kann das verdeutlicht werden. Ein Mann mit sichtbaren Fettpolstern im Bauchbereich möchte diese verlieren. Es wird eine leichte Diät kombiniert mit sportlicher Tätigkeit durchgeführt. Da der Mann bisher nicht trainiert hat, also untrainiert ist, absolviert er zuerst ein Grundprogramm, das langes Fahrradfahren (30 Min.) einschließt. Beim Wiegen nach vier Wochen wird nicht nur ein Gewichtsverlust deutlich, sondern auch ein verringerter Bauchumfang, obwohl z. B. das Fahrradfahren kein gezieltes Bauchtraining darstellt. Als besonders gut geeignet zum Abnehmen zeigt sich das Ausdauertraining durch Fahrradfahren, Schwimmen, Laufen oder als Gerätetraining mit geringen bis mittleren Gewichten. Die spezielle Partner-

Fitnessgymnastik erfüllt all diese Vorgaben. Bei einer solchen Trainingsdurchführung wird im physikalisch-biologischen Sinne viel Arbeit geleistet und damit am meisten Kalorien verbraucht. Durch ein geschickt geplantes Training kann bei gleich bleibendem Körpergewicht innerhalb weniger Monate aus einer ‹unsportlichen Figur› eine sportlich definierte Figur entstehen.

Wie funktioniert das? Ob an den Armen, dem Bauch oder dem Gesäß – immer liegt Muskulatur unter dem Bereich, den wir am liebsten verändern möchten. Wenn diese Muskulatur gezielt trainiert wird, verlieren wir, wie schon erwähnt, an Körperfett. Parallel dazu werden die Muskeln fester. Durch Training steigt der Spannungszustand der Muskulatur. Die Muskulatur wird nach einiger Trainingszeit zunehmen, das Fettgewebe abnehmen. Auch wenn Sie kein Gewicht verlieren sollten – Ihr Körper ist durch den höheren Anteil an Muskulatur und dem geringeren Anteil an Körperfett straffer und fester. Ebenso verbessert sich Ihre Haltung, und eine gute Haltung ist wesentlicher Bestandteil einer guten Figur.

Individuelles Training

Überlegen Sie genau, was Sie von Ihrem Training erwarten, welche Ziele Sie mit dem Training verfolgen! Wollen Sie weniger schnell, z. B. beim Treppenlaufen, aus der Puste kommen, oder leiden Sie immer häufiger unter Konzentrationsmängeln – dann sollten Sie besonders Ihre Ausdauer verbessern (vgl. Übungen A 1–A 11).

Bemerken Sie eine zunehmende und allgemeine ‹Unbeweglichkeit›? – dann sollten Sie in Ihr Programm besonders viele Dehnübungen einplanen (vgl. Übungen D 1–D 19).

Bemerken Sie immer mehr figürliche Unzulänglichkeiten (Bauch, Gesäß), oder bemerken Sie zunehmend fehlende Kraft im Alltag oder bei der Ausübung Ihrer sonstigen sportlichen Hobbys – dann sollten Sie besonders viele Übungen zur allgemeinen und speziellen Kräftigung durchführen (vgl. Übungen P 1–P 60).

Ausdauer:
Jogging; Radfahren; Schwimmen; Aerobic; Krafttraining mit leichten Gewichten und vielen Wiederholungen, Partner-Fitnessgymnastik (Üb. A 1–A 11)

Kraft:
Krafttraining, Partner-Fitnessgymnastik (Üb. P 1–P 60)

Schnelligkeit:
Alle schnell durchzuführenden Bewegungsabläufe; im Rahmen des Krafttrainings mit höheren Gewichten arbeiten, Partner-Fitnessgymnastik (Üb. A 1–A 11, P 1–P 60)

Koordination:
Gymnastik; Balanceübungen, neu zu erlernende Bewegungsabläufe, Partner-Fitnessgymnastik (Üb. P 1–P 60, A 1–A 11)

Beweglichkeit: Gymnastik; Dehnungen, Krafttraining mit leichten Gewichten (Entwicklung der aktiven Beweglichkeit); Partner-Fitnessgymnastik (Üb. D 1–D 19)

Erstellen Sie sich auf diese Art und Weise eine ‹Wunschliste›. Ihr Training sollte auf Ihre Bedürfnisse zugeschnitten sein; es muss aber auch auf Ihre Ausgangssituation und die Wünsche Ihres Partners Rücksicht nehmen. Bevor Sie mit dem Training beginnen, sollten Sie sich gemeinsam mit Ihrem Partner die folgenden fünf Fragen beantworten:

Wie alt sind Sie?
Wenn Sie bis 30 Jahre alt sind und sich als sportlich aktiv einstufen, dann können Sie sofort, wenn auch langsam beginnend, starten. Sie sollten es langsam angehen lassen, wenn Sie über 30 Jahre alt sind und in den letzten Jahren keinerlei Sport getrieben haben. Wenn Sie über 40 Jahre alt sind und ebenfalls untrainiert, dann sollten Sie sich bei Ihrem Hausarzt in Ihrem eigenen Interesse vor Aufnahme der sportlichen Tätigkeit rückversichern.

Sind Sie gesund?

Wenn Sie an Krankheiten leiden, wenn Sie organische oder orthopädische Schäden haben, dann sollten Sie unabhängig von Ihrem Alter vor der Aufnahme eines gezielten Trainings Ihren Arzt befragen. Nur in den seltensten Fällen ist ein Sportverbot gerechtfertigt; es können jedoch vom Arzt Empfehlungen ausgesprochen werden, ob Sie einige Übungen bevorzugt einsetzen und andere Übungen aus dem Programm weglassen sollten.

Sind Sie Anfänger oder schon fortgeschritten?

Als Anfänger sollten Sie auf jeden Fall mit dem Anfängerprogramm beginnen (Seite 156). Wenn Sie es locker schaffen und ohne folgende Beschwerden (Muskelkater) überstehen, dann können Sie sich schon etwas mehr zumuten. Sie können einige Übungen ergänzend hinzunehmen oder auf das Programm für Fortgeschrittene umsteigen. Auf jeden Fall sollten Sie zuerst den Umfang (Dauer) und erst dann die Intensität der Übungen steigern.

Sind Sie übergewichtig?

Wenn Sie (noch) übergewichtig sind, sollten Sie besonders bewusst darauf achten, dass bei allen Übungen Ihr Rücken gut fixiert ist. Sie sollten Sprünge überhaupt vermeiden, ganz besonders Sprünge auf einem Bein. Ihre Gelenke werden sonst in kurzer Zeit von den ungewohnten Bewegungen, aber auch bedingt durch Ihr hohes Gewicht, überlastet sein und zu schmerzen beginnen.

Messen Sie sich nicht mit den ganz schlanken und schon ‹durchtrainierten› Menschen. Um einige Kilo zuviel an Gewicht zu bewegen, ist eine höhere Leistung vonnöten. Somit kommen Sie leichter aus der Puste. Sie müssen auch mehr leisten. Strengen Sie sich kräftig an, aber zeigen Sie keinen falschen Ehrgeiz. Setzen Sie auf die Zeit, auf die sich zunehmend entwickelnde Fitness und die angestrebten Gewichtsverluste. Und noch eines: Mit vollem Magen trainiert's sich schlecht!

Zu welcher Tageszeit können Sie trainieren?

Wie Sie aus der Abbildung leicht ersehen können, sind Sie zweimal am Tag in besonders guter Form. Versuchen Sie Ihr Training so zu legen, dass Sie diese Zeiten ausnutzen.

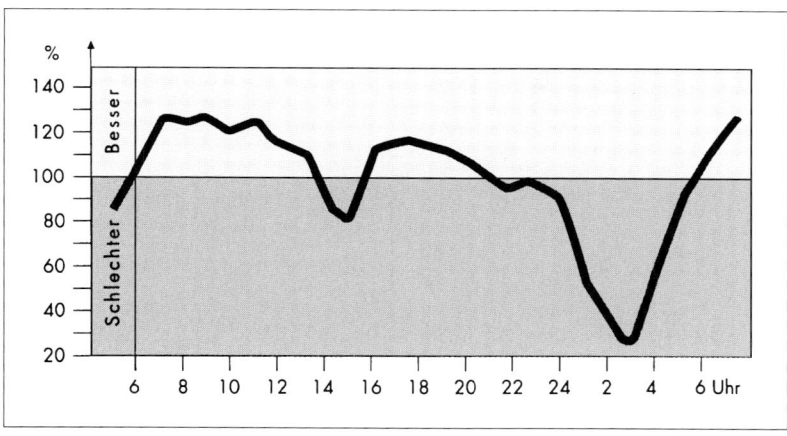

Prozentuale Schwankungen der physiologischen Leistungsbereitschaft über 24 Stunden nach Weineck 1988, 437

Die Trainingsstunde

Eine Trainingsstunde ist immer dreigeteilt. Sie beginnt mit dem Warm-up, es schließt sich der Hauptteil an, der in den Ausklang, das sogenannte Cool-down, übergeht.

Das Warm-up dient der geistigen und körperlichen Vorbereitung auf die künftige Belastung; der Organismus wird ‹eingepegelt›. Steigern Sie langsam die Belastungen, fordern Sie sich zu Beginn des Trainings nicht zu stark, denn dann wird schneller die Ermüdung oder gar Erschöpfung eintreten.

Betrachten Sie das Warm-up nicht als notwendiges Übel, sondern gestalten Sie es anregend und motivierend. Entwickeln Sie ein Gefühl für Ihren Körper, für das, was Ihnen guttut, und für das, was Ihnen schadet. Achten Sie darauf, das Herz-Kreislauf-System zu aktivieren. Dazu eignen sich die Übungen A 1 bis A 11. Bewegen Sie jedes Gelenk Ihres Körpers mehrfach über den gesamten Bewegungsradius. Je besser Ihr Fitnessgrad ist, desto längere Zeit werden Sie zum Aufwärmen benötigen. Ebenso ist morgens eine längere Aufwärmzeit vonnöten als abends. Bei warmer Umgebungstemperatur ist das Aufwärmen gegenüber kalten Temperaturen verkürzt.

Dehnen Sie nach dem Warm-up und vor der eigentlichen Partnergymnastik mit einer Auswahl aus den Übungen D 1 bis D 19 Ihre Muskulatur.

In der nun folgenden Partnergymnastik sollen Sie die Übungen durchführen, die Ihren Trainingszielen entsprechen (P 1 bis P 60). Da Sie nach dem Aufwärmen schon vorbereitet sind, sollten Sie auch vor hohen Belastungen nicht zurückschrecken. Die Trainingsprogramme sind so gestaltet, dass Sie zuerst betont die Rumpf- und erst später die Extremitätenmuskulatur beüben. Denken Sie daran, dass im Sport die alte Weisheit ‹Ohne Fleiß kein Preis› ihre besondere Gültigkeit hat.

Das ‹Cool-down› beruhigt den aktivierten, physisch und psychisch auf Leistung eingestellten Organismus. Als aktive Maßnahmen bietet sich lockeres, ohne wesentliche Anstrengung empfundenes Traben auf der Stelle oder die intensitätsgeminderte Durchführung von Übungen aus dem Warm-up an (A 1 bis A 11). Zum Abschluss eignen sich ganz besonders gut Dehnungsübungen (D 1 bis D 21).

Neben den aktiven Maßnahmen des Abwärmens bieten sich weitere, passive Maßnahmen der Nachbereitung eines sportlichen Trainings an. Sauna, Solarium und warme (gemeinsame?) Bäder wirken entspannend.

Hören Sie niemals nach einer Übungsstunde ‹völlig geschafft› auf. Schlimmstenfalls verlieren Sie die Lust auf das nächste Mal, da das letzte Mal so anstrengend erschien … und das kann nicht in Ihrem Interesse sein.

Inhalte und Wirkungsweisen von Warm-up, Partnerübungen und Cool-down

Warm-up

❑ verbesserte Leistungsbereitschaft und -fähigkeit

❑ verbesserte Energie- und Sauerstoffversorgung des gesamten Organismus

❑ Vorbereitung von Kapseln, Sehnen und dem gelenküberziehenden Knorpel auf sportliche Belastungen

❑ Förderung der psychischen Einstellung auf das Training

❑ verringerte Verletzungsanfälligkeit

Partnerübungen

❑ intensives, von den Trainingszielen bestimmtes Training (z. B. spezielle figürliche Wünsche; Kraftentwicklung; etc.)

Cool-down

❑ Beruhigung des auf sportliche Leistung eingepegelten Stoffwechsels

❑ Beruhigung der auf sportliche Leistung eingepegelten nervösen Anspannung

❑ Ausschwemmen der Produkte des Belastungsstoffwechsels aus den Muskeln und Gelenken

❑ Heranschaffen der zur Erholung notwendigen Stoffe

Regeln, die Sie immer einhalten sollten

• Wichtig bei der Durchführung der Partnerübungen ist das Vermeiden von *Pressatmung*. Besonders Anfänger neigen dazu, immer dann, wenn es anstrengt, die Luft anzuhalten. Atmen Sie während der Übungsdurchführung ruhig und gleichmäßig; auch dann, wenn Sie einen Widerstand überwinden und die Muskulatur anspannen.

- Von ebenso großer Wichtigkeit wie die Atmung sind die richtige *Körperhaltung* und die korrekte *Technik*. Lesen Sie sich die Übungsbeschreibungen sorgfältig durch, und vergleichen Sie die Beschreibungen mit den Bewegungsabläufen, wie sie auf den Photos dargestellt sind. Beginnen Sie erst dann mit der Übung, kontrollieren Sie dabei auch immer Ihren Partner.
- *Konzentrieren* Sie sich; gerade das Aufwärmen, gymnastische Elemente oder das Dehnen werden häufig ‹so nebenbei› erledigt. Unkonzentriertheit, Ermüdung und Überforderung sind häufige Ursachen von Verletzungen.
- Messen Sie nicht ständig Ihre Fitness und Kräfte gegeneinander, sondern gehen Sie im wahrsten Sinne des Wortes ‹partnerschaftlich› miteinander um.
- *Konzentrieren* Sie sich. Gerade Warm-up und Dehnen werden häufig ‹nebenbei› erledigt.
- Ebenso konzentriert das Cool-down betreiben. Es entspannt, lockert und bringt den Kreislauf wieder runter. Nun haben Sie viel mehr Lust auf das nächste Mal – denn wenn Sie völlig erschöpft aufhören würden, könnte es sein, dass Sie sagen: ‹Nie wieder.›

Wie erkenne ich meine eigene Leistungsfähigkeit?

Um Ihre Leistungsfähigkeit einzuschätzen, gibt es die verschiedensten Testverfahren. Wir haben ein Verfahren gewählt, das keine speziellen Vortests erfordert und, da mit den Übungen der Partnergymnastik durchgeführt, Ihre Trainingsintensität und -umfang direkt steuern kann.

Zur Vorgehensweise:
Grundlage der Trainingssteuerung ist die so genannte RPE-Skala (Rate of Perceived Exertion). Nach den Übungen der Partnergymnastik werden Sie aufgefordert, zu jeder Übung Ihr *persönliches Anstrengungsempfinden* in einem Skalenwert auszudrücken.

Beispiel:

Sie beginnen die Partnergymnastik mit der aufwärmenden und die Ausdauer fördernden Übung A 1. Laufen Sie in Ihrem persönlichen Laufrhythmus 3 Minuten durchgehend auf der Stelle. Direkt nach dem Lauf nehmen Sie sich die RPE-Skala zur Hand und schätzen Ihre persönliche Anstrengung anhand der Abstufung ein. Notieren Sie sich den Wert (z. B. RPE 15 «anstrengend»).

Wenn Sie den Test nach einigen Trainingseinheiten wiederholen, dann sollte Ihnen die Übung leichter fallen. Die verbesserte Fitness wird sich bei gleicher Übungsdurchführung (Tempo der Bewegung, Zeitdauer etc.) in einem verringerten Anstrengungsempfinden ausdrücken (z. B. RPE 11 «recht leicht»).

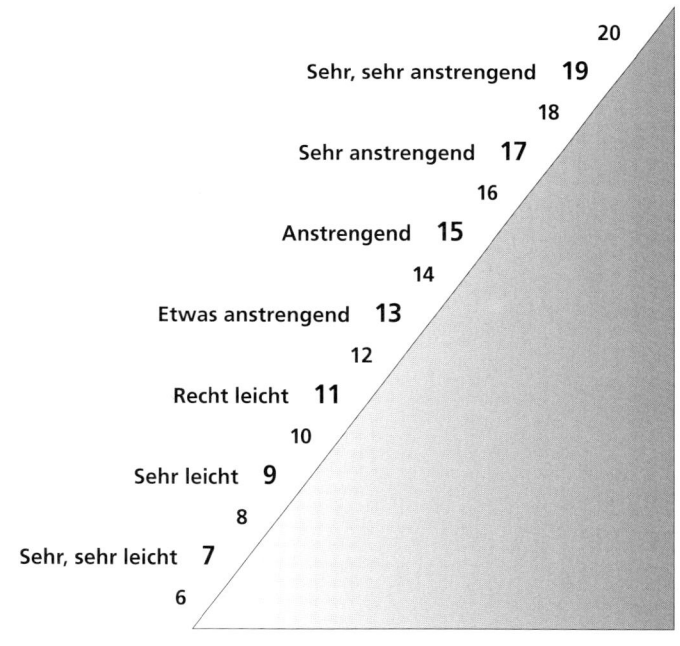

RPE-Skala (Borg 1970, aus Freiwald 1991)

Genauso, wie Sie durch diesen Test Ihr Leistungsvermögen überprüfen können, ist mit dieser Einschätzung auch die Steuerung des Trainings möglich. Im Übungsteil sind für Anfänger und für Fortgeschrittene jeweils Bereiche angegeben, in denen Sie trainieren sollten.

Wenn Ihnen eine Übung zu anstrengend wird, dann gibt es zwei Möglichkeiten, darauf Einfluss zu nehmen:

1. Sie brechen die Übung frühzeitig ab (Reduzieren des Umfanges).
2. Sie verringern den (Partner-)Widerstand bzw. wählen eine leichtere Ausführungsform (Reduzierung der Intensität).

Mit fortschreitender Trainingsdauer werden die RPE-Werte zunehmend niedriger ausfallen (verbesserte Leistungsfähigkeit!). Um das Training Ihren verbesserten Fitnesswerten anzupassen, sollten Sie nun zuerst den Umfang und erst dann die Intensität der Übungen steigern. Ziel sollte es sein, die in den Programmen angegebenen RPE-Werte (Anfänger bzw. Fortgeschrittene) immer wieder zu erreichen.

Wie lange soll man trainieren?

Es gibt auf diese Frage keine allgemeingültige Aussage, die Antwort kann nur individuell erfolgen. Anfangs genügt ca. eine halbe Stunde, später kann es schon mal eine ganze Stunde sein.

Zu Beginn muss man noch öfters nachschlagen und benötigt längere Pausen zwischen den Übungen. Fortgeschrittene sind routinierter und benötigen nicht mehr so lange Pausen wie Anfänger – auch das spart Zeit. Gewinnen Sie zum Training eine positive innere Einstellung. Training ist für Sie Freizeit. Und davon kann man selten genug bekommen…

Wie intensiv soll man trainieren?

Je höher die Trainingsintensität gewählt wird, desto kürzer wird trainiert – und umgekehrt.

Die Trainingsintensität kann im Warm-up mit der Pulsmessung oder mit der RPE-Skala erfasst werden (vgl. Seite 29). Je höher die Pulsfrequenz bzw. der RPE-Wert, desto höher ist die Trainingsintensität. Besonders während des Aufwärmteils sollte die Intensität und damit die Pulsfrequenz nur langsam ansteigen.

Bei Übungen, die in erster Linie zu einer Kräftigung führen, wird die Trainingsintensität in erster Linie durch die Höhe des Gewichts bestimmt. Eine Kraftübung, die Sie mit aller Kraft nur einmal bewältigen können, wird mit 100 Prozent bezeichnet. Auf der RPE-Skala werden Sie eine solche Übung bzw. einen solchen Widerstand mit 19–20 einstufen (sehr, sehr anstrengend). Auch hier gilt der Grundsatz: Je höher die Widerstände, desto schwerer die Übung; je geringer der Widerstand bzw. die persönliche Anstrengung, desto mehr Wiederholungen werden Sie durchführen können.

Als Anfänger sollten Sie beim Warm-up RPE-Werte zwischen 11 und 13 (recht leicht bis etwas anstrengend), beim Partnertraining von 14 bis 15 (etwas anstrengend bis anstrengend) anstreben. Als Fortgeschrittener gelten Werte von RPE 13–14 bzw. 14–16.

Beim Cool-down sollten Sie, ob Anfänger(in) oder Fortgeschrittene(r), den RPE-Wert 11 (recht leicht) anstreben. Hier sollen keine neuen Belastungen gesetzt, sondern die regenerativen Vorgänge (körperlich wie geistig) eingeleitet werden.

Wie vermeide ich Verletzungen?

Viele, die das Partnergymnastikprogramm beginnen, werden Anfänger sein. Gerade wenn Sie untrainiert sind, sollten Sie ganz besonders darauf achten, dass Sie sich und Ihren Partner nicht überbelasten.

Programme, die Ihre Fitness dauerhaft steigern sollen, sind immer mittel- und langfristig angelegt. Nehmen Sie sich Zeit für das Partner-Fitnessprogramm. Gehen Sie mit Gelassenheit an das Programm heran, eine wirklich gute Fitness entwickelt sich innerhalb von Wochen und Monaten. Lassen Sie keinerlei Ablenkungen zu, lassen Sie die Hektik des Tages hinter sich (Klingel abschalten, Telefonhörer abheben).

Bei der Entstehung von Verletzungen und Schädigungen stehen meist zwei Ursachen im Vordergrund:

- Das Fitnesstraining wird von heute auf morgen begonnen. Es findet keine langsame Vorbereitung statt, die Trainingsreize treffen auf einen Körper, der meist jahrelang passiv war.
- Unter dem Moto «Wenn schon, dann richtig» wirken zu intensive, vielfach auch zu einseitige Belastungen (Übungsauswahl!) auf den unvorbereiteten Organismus. Die aktuelle Belastbarkeit von Muskeln, Bändern, Sehnen und Knorpeln wird überschritten, es kommt zu Beschwerden.

Beachten Sie bitte Faktoren, die Ihre persönliche Belastbarkeit bedingen. Zu diesen Faktoren zählen Ihr Alter, Ihr Trainingszustand, Ihre Konstitution und Ihre individuelle Statik. Bisherige und bestehende Krankheiten und Verletzungen sind ebenso zu berücksichtigen wie chronische Leiden. Alkohol und Medikamente (z. B. Beta-Blocker, Weckamine; Sedativa) haben beim Training nichts zu suchen, Sie gefährden nur Ihre Gesundheit.

Das Training beginnt immer mit dem unverzichtbaren Warm-up. Der Verletzungsvorbeugung dienen auch Maßnahmen in der Gestaltung des sportlichen Umfeldes. Eine gute Sportausrüstung (Bekleidung, Schuhe) sowie der richtige Bodenbelag sind Voraussetzung für ein beschwerdefreies Sporttreiben.

Joggingschuhe gibt es in den verschiedensten Ausführungen. Sie sind für ihren eigentlichen Zweck, das Laufen, wärmstens zu empfehlen. Achten Sie beim Kauf darauf, dass die Dämpfung der Sohle auf Ihr Gewicht abgestimmt ist und die Passform auf Ihre individuelle Fußform. Für die Partnergymnastik sollten Sie Schuhe mit flacheren Sohlen benutzen. Joggingschuhe haben zur Dämpfung eine hohe Zwischensohle und eine breite Laufsohle. Wenn Sie während Ihrer

Gymnastik mit diesen Schuhen umknicken sollten, dann sind die Folgen für Ihr Sprunggelenk meist schwerwiegender als bei der Verwendung eines geeigneteren Schuhs ohne hohe Sohlengestaltung. Mittlerweile gibt es eine breite Palette geeigneter Schuhe zu kaufen – lassen Sie sich im Fachhandel von versierten Fachleuten beraten.

Sportliche Aktivität dient, richtig angefangen und durchgeführt, auch dem Stressabbau. Achten Sie darauf, dass das Partner-Fitnesstraining nicht noch zu einem zusätzlichen Stressor wird. Planen Sie so genannte Rüstzeiten ein, das sind Zeiten, die neben dem reinen Training zum ruhigen Umkleiden vor dem Training und dem ungestörten Duschen und Ankleiden nach dem Training notwendig sind. Sie sollten das Partner-Fitnesstraining regelmäßig betreiben. Wenn Sie oder Ihr Partner vom Arbeitstag mal ‹völlig geschafft› sind, dann lassen Sie das Training auch einmal ausfallen. Die Trainingseffekte wären nicht allzu groß, jedoch steigt die Verletzungsgefahr in gestresstem und damit unkonzentriertem Zustand um ein Vielfaches an.

Und noch eines: Schmerz ist das sichere Warnsignal des Körpers, die Übungen abzubrechen oder umzugestalten. Auftretende Schmerzen sind immer ernst zu nehmen!

Lernen Sie jedoch zu unterscheiden: Ein anfänglicher Muskelkater oder anfängliches ‹Schlappsein› ist möglich, jedoch keine Veranlassung dafür, das Training abzubrechen.

Wenn doch etwas passiert – Hilfe bei Verletzungen

Es gibt ein Grundschema der ersten Hilfe bei Prellungen und Verstauchungen. Die leicht zu merkende Formel ‹RICE› beschreibt die vier Grundregeln der Erstversorgung.

R steht für Rest (Ruhe). Setzen Sie bei schwereren Prellungen oder Verstauchungen sofort mit der Belastung aus.

I steht für Ice (Kühlung). Kühlen Sie die schmerzhaften Stellen großflächig. Abreibungen mit Eisstückchen haben sich bewährt. Die verletzte Stelle kann auch mit einem kalten Wasserstrahl (unter der Dusche) gekühlt werden. Gehen Sie dabei in Intervallen vor. Nach 10 Minuten Kühlung erfolgt eine Pause von wenigen Minuten, es folgen die nächsten zehn Minuten Kühlung. Durch die gefäßverengende Wirkung der Kältereize findet eine Minderdurchblutung des verletzten Bereichs statt, der Bluterguss wird sich nicht mehr ungehindert ausbreiten können. Die Kälte wirkt außerdem entzündungshemmend und schmerzlindernd.

C steht für Compression (Kompression). Üben Sie gleichzeitig mit dem Kältereiz einen Druck auf die verletzte Stelle aus. Der Druck verhindert eine übermäßige Schwellung. Achten Sie darauf, dass der Druckverband so angelegt wird, dass keine Stauungen entstehen.

E steht für Elevation (Hochlagern). Lagern Sie Ihren verletzten Arm oder das Bein hoch. Durch Hochlagerung der verletzten Extremität wird der Rückstrom des Blutes gefördert und der Blutzustrom gehemmt. Dadurch vermeiden Sie ein weiteres Anschwellen.

Die Erstversorgungsregeln müssen Sie sofort nach Verletzungseintritt anwenden. Auf keinen Fall dürfen Sie in den ersten 24–48 Stunden Wärme anwenden. Wärme führt zur Mehrdurchblutung und damit auch zur unerwünschten Einblutung in das verletzte Gebiet. Der nachfolgende Bluterguss wird größer ausgebildet sein und die Heilung verzögern. Verwenden Sie in den ersten 24 Stunden keine Salben mit gerinnungshemmenden Stoffen. Diese Salben sollten erst nach Stillstand der Blutung nach frühestens 24 Stunden verwendet werden. Dann erfüllen sie auch ihren tatsächlichen Zweck – der Bluterguss wird beschleunigt aufgelöst und abtransportiert.

Figurkontrolle

Kontrollieren Sie konsequent vor Beginn einer Trainingsstunde Ihr Gewicht.

Messungen der Körperumfänge dienen der Erfolgskontrolle und sollen, um objektiv zu sein, möglichst immer von der gleichen Person, am besten vom Trainingspartner durchgeführt werden.

	Messpunkte
① Oberarm	Ansatz des Deltamuskels (alternativ des Bizeps) bei nach vorne angehobenem Arm
② Brustumfang	In Höhe der Brustwarzen. Es ist darauf zu achten, dass das Maßband korrekt um den Körper gelegt wird.
③ Taille	Am unteren Rippenbogen
④ Bauch	Drei Zentimeter unterhalb des Bauchnabels wird der Bauchumfang gemessen.
⑤ Hüfte/Po	Am Punkt des größten Umfangs
⑥ Oberschenkel	Fünf Zentimeter unterhalb des Schambeins. Es ist darauf zu achten, dass das Maßband korrekt um das Bein gelegt wird.
⑦ Wade	Am Punkt des größten Umfangs

Führen Sie die Messungen in festen Zeitabständen durch, beim Wiegen hat sich das wöchentliche Wiegen, beim Messen der Körpermaße hat sich ein vierwöchentlicher Turnus bewährt.

Protokollieren Sie sorgfältig Ihr Körpergewicht und die Körperumfangsmessungen – als Ansporn oder als Mahnung. Wecken Sie den figürlichen Ehrgeiz Ihres Partners!

Ein Wort zur Kleidung

Der Fachhandel bietet ein weites und auf alle Bedürfnisse zugeschnittenes Angebot an Sportkleidung. Meist ist auch die Beratung kompetent. Beachten Sie einige wenige Dinge vor Ihrem persönlichen Fitnessprogramm... und los geht's:

- *Feste Schuhe zum Training sind besser...*
  ...als keine Schuhe oder Gymnastikschuhe.

- *Naturfaser (Baumwolle) oder speziell für das Training entwickelte Fasern (Taktel, Goretex) zu tragen ist besser...*
  ...als in ungeeigneten Kunstfasern «kalten Schweiß» auf der Haut zu bilden und unangenehmen Geruch zu entwickeln.

- *Mehrere leichte Kleidungsstücke zu tragen ist besser...*
  ...als ein schweres.

- *Elastische oder weite Kleidungsstücke während des Trainings zu tragen ist besser...*
  ...als zu enge Kleidung, die am Körper klebt.

Die Übungen

Einstimmen und Warm-up

Laufen Sie auf der Stelle.
Setzen Sie dabei bewusst die Arme mit ein.

Fersenlauf. Während Sie auf der Stelle laufen, ziehen Sie abwechselnd die linke und die rechte Ferse ans Gesäß.

Variation: Ziehen Sie mehrfach nacheinander die rechte und die linke Ferse ans Gesäß.

Aus dem Hüpfen ziehen Sie wechselnd das linke und das rechte
Knie zur Brust.

Variation: Ziehen Sie jeweils mehrfach das rechte und das linke Knie
zur Brust.

Springen Sie auf der Stelle, bringen Sie abwechselnd das linke und das rechte Bein nach vorne.

Springen Sie beidbeinig auf der Stelle.

Variation: Variieren Sie die Sprunghöhen.

Aus der Laufbewegung auf der Stelle führen Sie den linken Ellbogen und das rechte Knie zusammen, ebenfalls gegengleich.

Variation: Mehrfach hintereinander eine Seite trainieren und erst dann die Seite wechseln.

Hampelmann: Aus der Schlussstellung springen Sie in die Seitgrätsche und bringen gleichzeitig Ihre Arme nach oben.

Variation: Mit oder ohne Armeinsatz springen.

Sie stellen sich hinter Ihren Partner und fixieren ihn an der Hüfte, während er mit geringem Zug nach vorne auf der Stelle läuft.

Sie laufen auf der Stelle mit leichtem Schub nach vorne. Der vordere Partner gibt gegen die Laufbewegung Widerstand.

Sie umfassen knöchelnah den Unterschenkel und die Hand Ihres Partners. Nun hüpfen Sie auf der Stelle. Wechsel.

Variation: Hüpfen Sie nach vorne und zurück. Hüpfen Sie im Kreis.

Der untere Partner im Kniestand, Sie stützen sich in Schulterhöhe ab und springen seitlich über Ihren Partner.

Dehnen und Vorbereitung der Muskulatur

Sie stehen hinter Ihrem Partner, der die Arme im Nacken
verschränkt hat, und fixieren mit den Knien dessen Schulterblätter.
Ziehen Sie leicht die Ellbogen nach hinten oben.

Sie stehen hinter Ihrem Partner. Unter leichtem Zug bringen Sie
seinen Ellbogen verstärkt nach innen hinten.

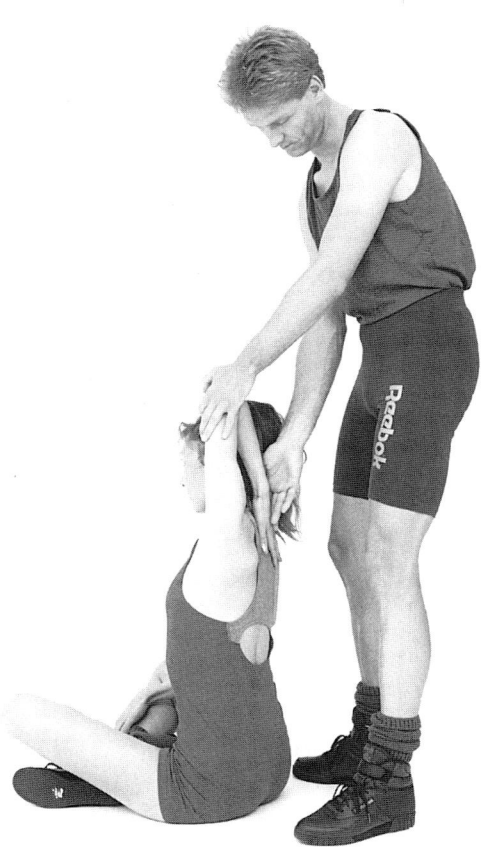

Sie stehen seitlich hinter Ihrem Partner. Mit der rechten Hand fixieren Sie das Schulterblatt, während Sie mit der linken Hand den gestreckten Arm Ihres Partners vorsichtig nach hinten führen.

Sie umfassen den gestreckt nach hinten geführten Arm Ihres Partners und üben einen leichten Zug nach hinten aus.

Anmerkung: Bei besonders ausgeprägter Beweglichkeit im Schultergelenk die Übung nur vorsichtig einsetzen oder weglassen.

Brust-, Schulter- und Rückenmuskulatur

Sie stehen einander mit leicht gebeugten Kniegelenken gegenüber, umfassen sich an der Schulter und beugen sich zunehmend nach vorn unten.

Rücken an Rücken umfassen Sie über Kopf Ihre Hände (Arme). Ein Partner neigt sich langsam so weit nach vorne, bis der andere eine deutliche Dehnung im Oberkörper verspürt. Halten Sie die Arme während der Übung möglichst immer gestreckt.

Sie stehen hinter Ihrem Partner und ziehen die seitlich nach oben gestreckten Arme mit leichtem Zug nach oben hinten.

Variation: Der untere Partner hat die Füße aufgestellt.

In Bauchlage umfasst Ihr Partner schulternah Ihre Oberarme und hebt Ihren Oberkörper vom Boden ab.

Anmerkung: Bei Beschwerden der Wirbelsäule nur vorsichtig durchführen.

Der Partner kniet
hinter Ihnen und
fixiert Sie an den
Oberarmen. In
Hüfthöhe
legen Sie die
gestreckten
Beine seitlich
ab.

Variation:
Zur Verstärkung
der Dehnwirkung
kann der Kopf zu
der den Beinen
entgegengesetzten
Seite gedreht werden.

Die Übung kann auch mit
gebeugten Knien durchgeführt
werden

Sie stehen hinter Ihrem
Partner und umfassen sein
Bein an Ober- und Unter-
schenkel. Ihr Partner geht
nun in eine leichte Knie-
beuge, bis eine deutliche
Dehnung verspürt wird.

Der Partner umfasst Ihr Bein am Unter- und vorderen Oberschenkel. Der Oberschenkel wird leicht vom Boden abgehoben, gleichzeitig wird die Ferse unter leichtem Druck dem Gesäß möglichst weit
genähert. Halten Sie während der Dehnung das Becken aktiv am
Boden.

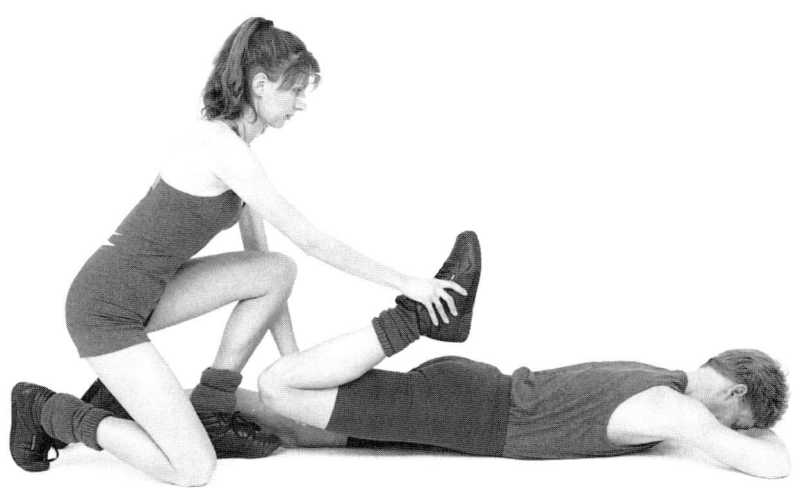

Ihr Partner umfasst das gebeugte Bein und nähert die Ferse vorsichtig dem Gesäß an.

Anmerkung: Der vordere Partner kann sich z. B. an einer Wand fixieren.

Der Partner umfasst Ihr Bein an Fuß und Unterschenkel. Die Ferse wird unter leichtem Druck dem Gesäß möglichst weit genähert.

Anmerkung: Nur vorsichtig einsetzen bei Kniegelenkbeschwerden.

In Rückenlage fixiert Ihr Partner Ihr Schienbein und umfasst den Fuß. Er beugt Ihr Hüftgelenk maximal. Halten Sie das gestreckte Bein aktiv am Boden.

Variation: Führen Sie die Dehnung mit gering ein- und ausgedrehtem Hüftgelenk durch.

Hintere Oberschenkelmuskulatur

Der Partner umfasst Knie und unteren Oberschenkel. Das vollkommen gestreckte Bein wird so weit nach hinten geführt, bis Sie eine deutliche Dehnung verspüren.

Mit gespreizten Beinen, die Füße berühren sich, sitzen Sie sich gegenüber. Sie umfassen gegenseitig Ihre Handgelenke und ziehen sich wechselnd vorsichtig nach vorne, bis Sie eine deutliche Dehnung verspüren.

Anmerkung: Bei Beschwerden der Wirbelsäule nur vorsichtig durchführen.

Dehnung der Schenkelanzieher (Adduktoren)

Sie knien Ihrem Partner gegenüber und bringen mit leichtem Druck
gegen die Innenseiten der Knie die Beine auseinander.

Ihr Partner fixiert Ihren Fuß an der Ferse und umfasst mit der anderen Hand Ihren Fußrücken. Mit leichtem Zug streckt er Ihren Fuß, bis Sie vorn im Schienbein eine deutliche Dehnung verspüren.

Der Partner drückt den Fuß zum Körper. (Druck gegen den Vorfuß.)

Der Partner nimmt Ihre Hände und schüttelt locker den gesamten Schulter-Arm-Bereich. Lassen Sie vollkommen los, entspannen Sie sich.

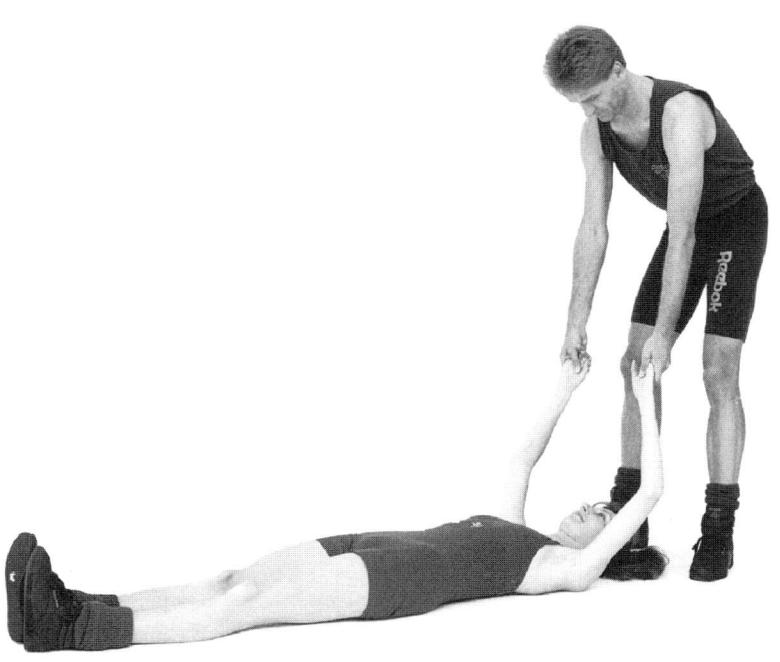

Der Partner umfasst den Unterschenkel und schüttelt locker die Beine. Lassen Sie vollkommen los, entspannen Sie sich.

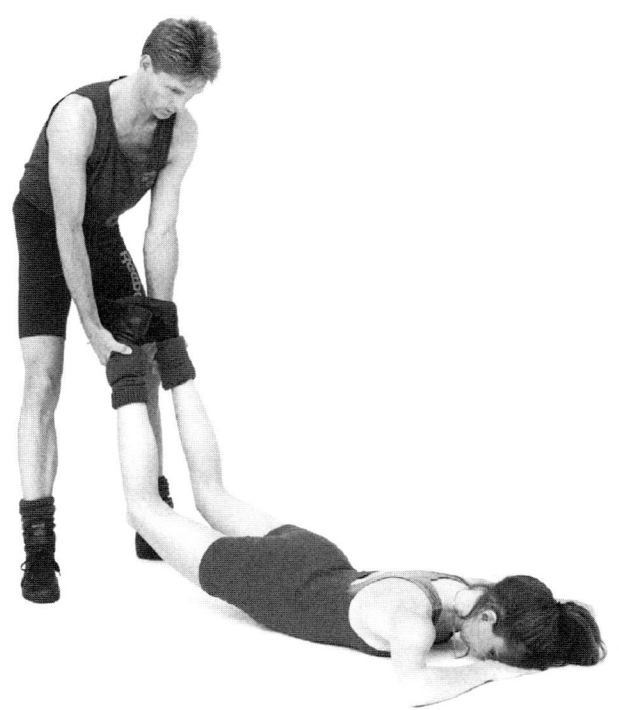

Der Bodytrainer

Rücken an Rücken legen Sie die Handflächen aufeinander. Ein Partner drückt nach oben, der andere Partner nach unten.

Sie strecken die Arme seitlich in Schulterhöhe. Der hinter Ihnen stehende Partner versucht, die Arme gegen Ihren Widerstand nach unten zu drücken.

Sie strecken die Arme seitlich in Schulterhöhe. Der hinter Ihnen stehende Partner umfasst die Arme in Höhe der Ellbogen. Gegen den Widerstand des Partners versuchen Sie, die Arme nach unten zu bewegen.

In Schulterhöhe bringen Sie die gebeugten Arme nach seitlich außen. Ihr Partner fixiert die Arme am Oberarm. Gegen den Widerstand Ihres Partners versuchen Sie, die Ellbogen vor der Brust zusammenzuführen.

Im Sitzen strecken Sie in Verlängerung der Körperachse die Arme nach vorn oben. Sie drücken die gestreckten Arme nach unten. Der Partner gibt mit seinen Handinnenflächen Widerstand.

Im Sitzen strecken Sie die Arme nach vorn oben. Sie drücken die gestreckten Arme nach vorn unten, wobei der hinter Ihnen stehende Partner mit seinen Handinnenflächen Widerstand gibt.

Mit gebeugten Knien sitzen Sie Rücken an Rücken und umfassen gegenseitig die Hände der fast vollständig gestreckten Arme. Gegen den dosierten Druck des Partners versuchen Sie, die Arme nach vorne zu bringen.

In Rückenlage mit aufgestellten Beinen versuchen Sie, gegen den Widerstand Ihres Partners die gestreckten Arme nach vorne unten zu bewegen.

In Rückenlage beugen und strecken Sie die Arme gegen das Körpergewicht des Partners, den Sie am Schulterblatt abstützen.

Sie stehen sich im Schrittstand gegenüber und drücken bei gebeugten Ellbogen die Handflächen kräftig gegeneinander.

Mit oberhalb der Knie aufliegenden Beinen führen Sie mit leicht nach innen gedrehten Händen Liegestütze durch.

Variation: Die Übung kann durch dosierten Druck des Partners gegen den Schultergürtel erschwert werden.

Sie stehen sich gegenüber und fassen gegenseitig Ihre Hände. Unter aktiver muskulärer Kontrolle nähern sich Ihre Oberkörper einander an.

Sie stehen sich mit fast gestreckten Armen gegenüber und fassen gegenseitig Ihre Hände. Unter aktiver muskulärer Kontrolle nähern sich Ihre Oberkörper einander an, dabei führen Sie die fast gestreckten Arme nach außen.

In Bauchlage mit im Nacken verschränkten Händen heben Sie gegen den Widerstand Ihres Partners die Ellbogen vom Boden ab.

Im einbeinigen Kniestand führen Sie die im Ellbogen rechtwinklig gebeugten Arme nach oben. Der hinter Ihnen stehende Partner fasst Ihre Hände und gibt Widerstand, während Sie die Arme nach vorn unten drehen.

Im einbeinigen Kniestand führen Sie die im Ellbogen rechtwinklig gebeugten Arme nach oben. Die Handgelenke sind gestreckt. Der hinter Ihnen stehende Partner gibt gegen die Handrücken Druck.

Bauchlage mit fast gestreckten Armen, beugen Sie dann die Arme.
Ihr Partner gibt gegen die Handrücken dosierten Widerstand.

Armbeuger (Bizeps) und Armstrecker (Trizeps)

Sie stehen sich mit leicht gebeugten Kniegelenken gegenüber. Die Arme sind rechtwinklig gebeugt, die Handflächen liegen aufeinander. Während der eine Partner versucht, seine Arme zu beugen, versucht der andere Partner, sie zu strecken.

In Rückenlage mit
gebeugt aufgestellten
Beinen fassen Sie die
Hände Ihres Partners.
Ziehen Sie sich mit den
Armen nach oben.

In Rückenlage mit gebeugt aufgestellten Beinen fassen Sie die vom Partner gehaltene Stange (Besenstiel). Ziehen Sie sich mit den Armen nach oben.

Variation: Ziehen Sie sich abwechselnd mit Ober- und Untergriff nach oben.

Sie hocken sich im Kniestand gegenüber und fassen über Kreuz Ihre Hände. Sie ziehen abwechselnd zum Körper und lassen wieder nach.

Sie liegen sich gegenüber, Armdrücken.

Variation: Gleiche Übung mit einem Hocker als Auflage.

Der Partner umfasst die gestreckte Hand, und Sie beugen sie gegen den dosierten Widerstand Ihres Partners.

Der Partner umfasst die gebeugte
Hand, und Sie strecken sie gegen
den dosierten Widerstand Ihres
Partners.

**Bauch
Taille
Rücken**

Sie liegen mit im Nacken verschränkten Armen auf dem Rücken.
Der Partner fixiert mit dem Gesäß Ihre Füße. Mit einer einrollenden
Bewegung richten Sie Ihren Oberkörper auf.

Die Unterschenkel liegen auf einem Hocker, Ihr Partner fixiert die Beine. Mit einer einrollenden Bewegung des Oberkörpers führen Sie die gestreckten Arme neben dem Hocker vorbei, als wenn Sie eine Wand wegdrücken wollten.

Mit über dem Bauch gefalteten Händen liegen Sie auf dem Rücken. Der Partner fixiert mit den Händen Ihre Füße. Mit einer einrollenden Bewegung richten Sie Ihren Oberkörper auf.

In Rückenlage, ein Bein ist aufgestellt,
das andere Bein wird vom Partner
an den Füßen fixiert, richten Sie
sich mit nach vorn gestreckten
Armen auf.

Mit im Nacken verschränkten Armen liegen Sie auf dem Rücken.
Ihr Partner fixiert die annähernd gestreckten Beine. Mit einer einrollenden Bewegung heben Sie Ihren Oberkörper vom Boden ab.

Sie liegen auf dem Rücken und fixieren sich mit den Händen an den Unterschenkeln Ihres Partners.

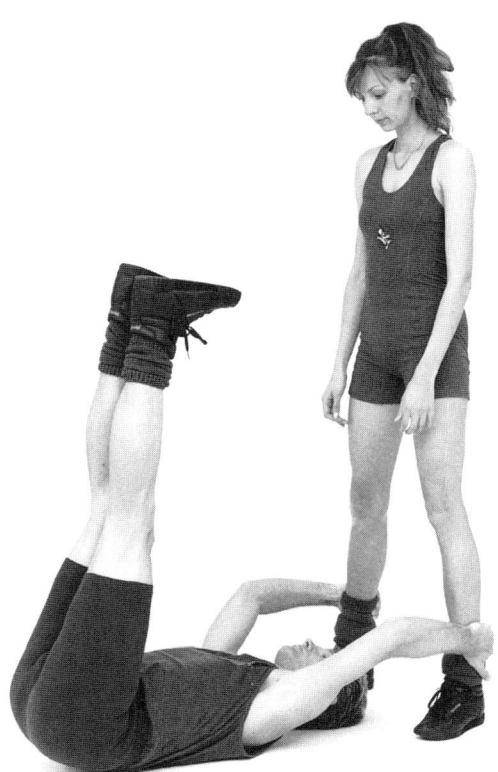

Mit einer einrollenden Bewegung heben Sie das Gesäß vom Boden ab; dabei nicht Schwung nehmen!

In Rückenlage fixieren Sie sich an den Unterschenkeln Ihres Partners. Der Partner versucht, gegen Ihren Widerstand Ihre Beine nach vorn zu drücken.

Anmerkung: Achten Sie darauf, dass Sie bei der Übung fortwährend mit dem Becken und dem Rücken vollständigen Bodenkontakt halten.

Variation: Beine zur Seite drücken. Beine 90 Grad angewinkelt.

Aus der Rückenlage mit aufgestellten Beinen richten Sie sich in Richtung Ihres Partners mit einer einrollenden Bewegung auf. Der seitlich kniende Partner gibt mit seiner Hand dosierten Widerstand.

Der Partner fixiert die Füße. Aus der Rückenlage richten Sie sich mit
einer einrollenden Bewegung und gleichzeitiger Rumpfdrehung auf.

Sie sitzen mit gebeugten Knien nebeneinander und üben jeweils
gegen die Kniegelenke Ihres Partners Druck aus.

Sie sitzen Rücken an Rücken, die Handinnenflächen der in Schulterhöhe gestreckten Arme berühren sich. Sie drehen den Oberkörper
langsam und gleichmäßig nach rechts und nach links.

Aus der Seitenlage mit gestreckten und vom Partner fixierten Beinen richten Sie Ihren Oberkörper seitlich auf.

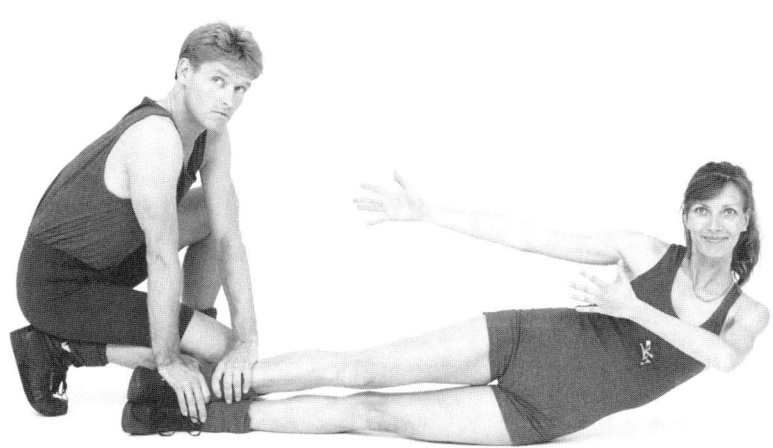

In der seitlichen Ausgangslage mit gebeugtem oberem Knie fixiert der Partner Ihre Beine. Mit zum Partner gestreckten Armen heben Sie Ihren Oberkörper über die Seite an.

Variation:
Im Nacken
verschränkte Arme.

Im Kniestand verschränken Sie die Arme im Nacken. Der hinter Ihnen hockende Partner fixiert Ihre Beine. Versuchen Sie Ihren Oberkörper möglichst weit nach vorn zu bringen.

Variation: In der nach vorn geneigten Position drehen Sie den Oberkörper in der Längsachse nach links und nach rechts.

Im Kniestand verschränken Sie Ihre Arme im Nacken. Der hinter Ihnen stehende Partner übt gegen Ihren Schultergürtel einen leichten Druck nach vorn aus.

In Bauchlage fixiert Ihr Partner die Beine. Mit gestreckten Armen heben Sie Ihren Oberkörper ab.

Variation: Führen Sie die gestreckten Arme zur Seite und wieder zurück.

In Bauchlage heben Sie die maximal gestreckten Arme und Beine vom Boden ab. Ihr Partner gibt einen leichten Druck gegen die Beine.

Variation: Sie heben nur die Arme oder die Beine ab. Der Partner gibt gegen die abgehobenen Arme Druck.

In Bauchlage fassen Sie die Hände des Ihnen gegenüberliegenden Partners. Sie heben Arme und Oberkörper gleichzeitig vom Boden ab.

Sie sitzen sich mit gestreckten und gespreizten Beinen gegenüber. Ein Partner legt die Beine auf die Beine des anderen Partners. Der ‹untere Partner› versucht die gestreckten Beine gegen den Widerstand des ‹oberen Partners› vom Boden abzuheben.

Im Vierfüßerstand strecken Sie ein Bein nach hinten. Der Partner fixiert das Bein am Unterschenkel und oberhalb des Knies. Gegen den Widerstand Ihres Partners ziehen Sie das Knie nach vorn.

Im Sitz mit aufgestelltem linkem Bein heben Sie gegen den Widerstand Ihres Partners das rechte gestreckte Bein mit zum Körper gebeugten Fuß vom Boden ab.

In Bauchlage mit vor der Stirn verschränkten Händen beugen Sie die Oberschenkel rechtwinklig an. Gegen den Druck Ihres Partners versuchen Sie die Knie wieder zu strecken.

Rückenlage. Ihr Partner liegt mit gestrecktem Körper in Brusthöhe auf Ihren Fußsohlen auf. Langsam und gleichmäßig beugen und strecken Sie die Beine.

Mit aufrechtem Oberkörper gehen Sie in die halbe Kniebeuge und wieder nach oben zurück. Der hinter Ihnen stehende Partner verstärkt die Wirkung, indem er Druck auf Ihre Schultern ausübt.

Sie stehen Rücken an Rücken. Gehen Sie in die halbe Kniebeuge und wieder zurück.

Variation: In der Beugestellung beugen und strecken Sie die Sprunggelenke.

Sie liegen auf dem Bauch, die Hände vor der Stirn verschränkt. Die gebeugten Beine berühren sich im Bereich der Knöchel. Der eine Partner drückt die Unterschenkel nach außen, der andere Partner nach innen.

Aus der Rückenlage heben Sie gegen den Druck des Partners das Becken, bis der Körper eine Linie bildet.

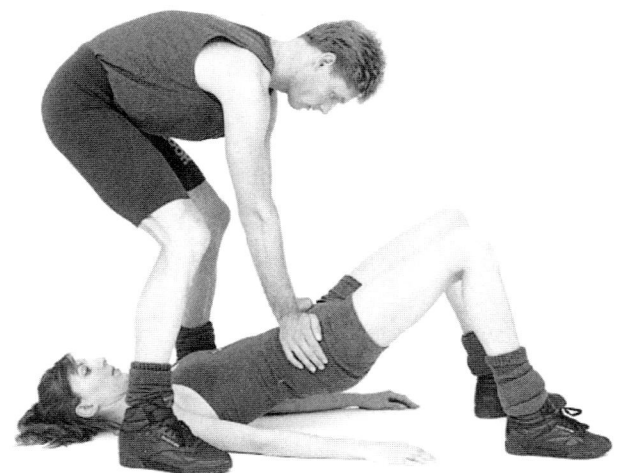

Im Kniestand beugen Sie gegen den Widerstand Ihres Partners das
Knie des hinteren Beins.

In Bauchlage mit vor der Stirn verschränkten Händen heben Sie ein gestrecktes Bein so weit ab, dass Sie jederzeit mit dem Becken Kontakt zum Boden halten. Der neben Ihnen kniende Partner übt gegen Ihre Bewegung am Unterschenkel Druck aus.

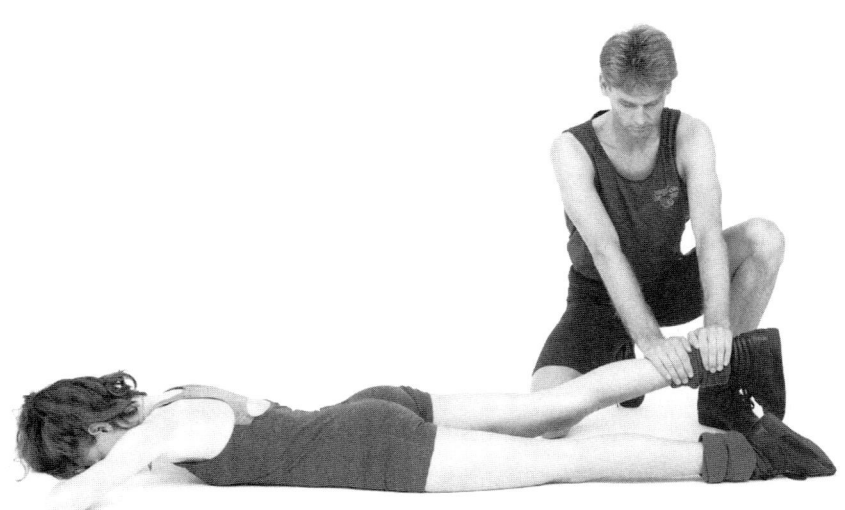

Im Vierfüßerstand strecken Sie ein Bein nach hinten. Der Partner übt am Unterschenkel gegen Ihre Bewegung Druck aus.

Schenkelanzieher (Adduktoren)

Sie liegen gestreckt auf der Seite, das obere Bein ist im Hüft- und Kniegelenk rechtwinklig gebeugt. Der Partner hockt hinter Ihnen und fixiert Ihren Unterschenkel. Sie spreizen das untere Bein gegen den Widerstand Ihres Partners nach oben ab, dabei zeigt die Fußspitze nach vorn.

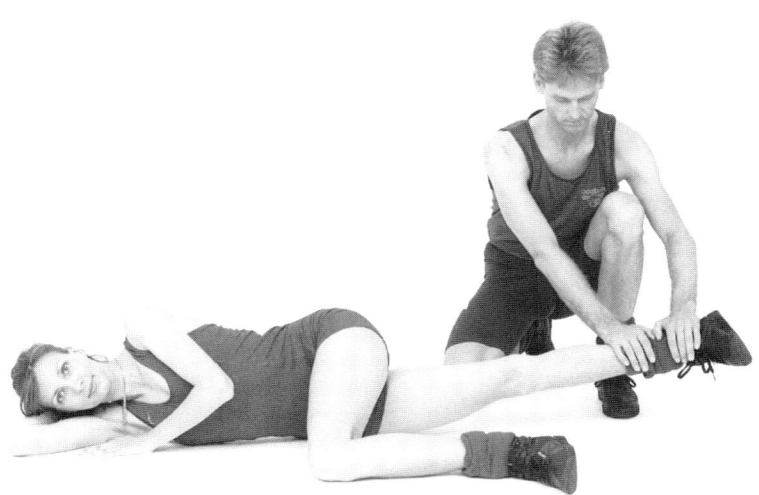

Aus der Rückenlage heben Sie das gebeugte Bein ab. Ihr Partner fasst das Bein an Knie und Sprunggelenk und drückt es vorsichtig gegen Ihren Widerstand nach außen.

Variation:
Gestrecktes
Bein.

Im einbeinigen Schrittstand fassen sich die Partner gegenseitig an den Schultern. Die Innenseiten der Knie werden gegeneinander gedrückt.

Sie sitzen sich mit gebeugt aufgestellten Beinen gegenüber. Das jeweils rechte Bein wird abgehoben und die Unterschenkel gegen den Widerstand des Partners nach innen gedrückt.

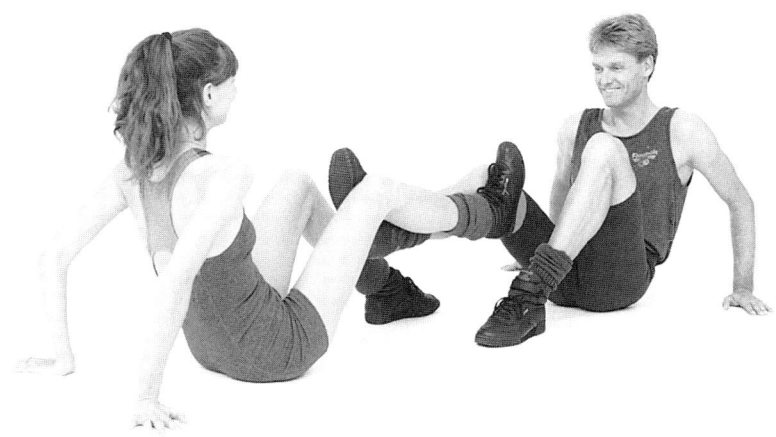

Schenkelabspreizer (Abduktoren)

Sie liegen mit gestrecktem Körper auf der Seite, der Kopf ist aufge-
stützt. Der Partner hockt hinter Ihnen und fixiert Ihren Unterschenkel. Sie spreizen das Bein gegen den Widerstand Ihres Partners nach
oben ab, dabei zeigt die Fußspitze nach vorn.

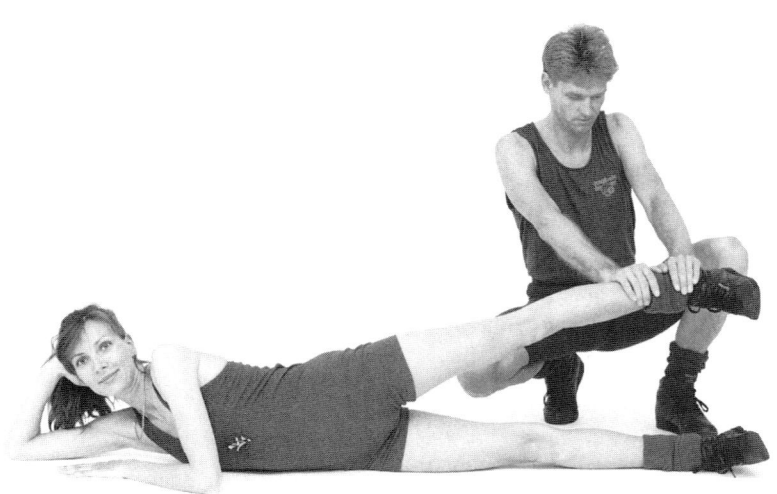

Auf Hockern sitzen Sie sich gegenüber. Die Knieinnen- und -außen-
seite der Partner berühren sich. Der eine Partner übt Druck nach
innen, der andere Druck nach außen aus.

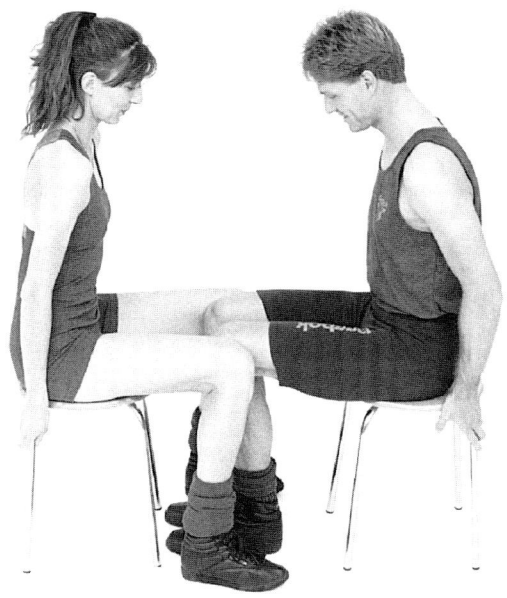

Sie sitzen sich mit gestreckten Beinen gegenüber. Die Beine werden gegen den Widerstand des Partners nach innen bzw. nach außen gedrückt.

Sie sitzen sich gegenüber. Die abgehobenen Beine werden gegen den Widerstand des Partners nach innen- bzw. nach außen gedrückt.

Ab- und Adduktoren (Oberschenkel)

Sie liegen mit gestrecktem Körper auf der Seite, der Kopf ist aufge-stützt. Der Partner hockt hinter Ihnen und fixiert den Unterschen-kel. Sie heben das obere Bein und danach gegen den Druck Ihres Partners auch das untere Bein ab. Beide Fußspitzen zeigen nach vorne.

Variation: Beide Beine gleichzeitig anheben.

Sie stehen Rücken an Rücken. Sie gehen in die halbe Kniebeugestellung und beugen und strecken die Sprunggelenke.

Sie stehen sich gegenüber und fixieren sich gegenseitig mit den Händen an den Armen. Ein Bein wird hinter das andere Bein geführt. Gemeinsam strecken Sie die Sprunggelenke und gehen wieder in die Ausgangsstellung.

Sie liegen auf dem Rücken, die Arme sind im Nacken verschränkt.
Das linke Bein ist aufgestellt. Sie beugen den Fuß zum Körper. Der
seitlich hockende Partner gibt mit der Hand gegen den Fußrücken
Widerstand.

Mit abgehobenem Bein sitzen Sie Ihrem Partner gegenüber. Ihr Partner fixiert das Bein an der Ferse und umfasst mit der anderen Hand Ihren Fußrücken. Gegen den dosierten Widerstand des Partners ziehen Sie den Fuß zum Körper an.

Thera-Band®-Übungen

Das Thera-Band®

Das Thera-Band gibt es in verschiedenen Farben, die die unterschiedliche Widerstandsstärke kennzeichnen. Ein Band ist dann das richtige für Sie, wenn Sie mit ihm eine Übung circa 20-mal wiederholen können. Normalerweise eignet sich das rote Thera-Band für die meisten Frauen, das blaue oder grüne für die meisten Männer. Das Thera-Band gibt es auch in verschiedenen Längen, wir empfehlen in jedem Fall die längeren Varianten mit einer Länge von circa 2,50 m, diese eignen sich für Partnerübungen am besten.

Beim Üben sollten Sie darauf achten, dass Sie sich genau an die Übungsbeschreibungen halten. Achten Sie auch darauf, dass zu Beginn der Übung das Band bereits leicht gespannt ist. Sollten Sie merken, dass Sie zu viel Kraft aufwenden müssen, nehmen Sie das Band einfach ein wenig länger, bis Sie das richtige Maß gefunden haben. Üben Sie niemals, wenn Sie den Eindruck haben, dass das Band zu stark für Sie ist. Versuchen Sie immer, in gemäßigtem Tempo zu üben und das Band niemals in die Ausgangsstellung zurückschnellen zu lassen, sondern es immer langsam zurückzuführen. Sie drücken Ihre linke Hand gegen die linke Hand des Partners und ziehen das Thera-Band mit dem anderen gebeugten Arm nach hinten.

Achten Sie darauf, dass Sie Ihren Körper während der Übung stabilisieren und der Ellbogen des ziehenden Armes auf Schulterhöhe bleibt. Am besten halten Sie den Druck der Hände gegeneinander möglichst konstant.

Sie ziehen beide Arme aus der gestreckten Position nach hinten, bis Ober- und Unterarm einen rechten Winkel bilden.

Wichtig ist, dass der Kopf gerade in Verlängerung der Wirbelsäule gehalten wird. Diese Übung kräftigt den oberen Rücken.

Halten Sie das Band mit beiden Händen, und neigen Sie jeweils
Ihren Oberkörper nach außen.

Versuchen Sie, das Becken stabil und die Hände direkt über den Kopf zu halten.

Aus der Ausgangsposition führen Sie das Thera-Band seitlich vom Körper nach hinten, dabei drücken Sie den Handrücken der anderen Hand gegen Ihr Gesäß, um Ihren Rücken zu stabilisieren. Achten Sie darauf, dass Ihr Rumpf stabil bleibt.

Sie ziehen aus der gestreckten Position beide gleichzeitig die Arme so weit an, dass Ober- und Unterarm einen rechten Winkel bilden.

Achten Sie darauf, dass der Kopf gerade in Verlängerung der Wirbelsäule bleibt, und versuchen Sie, beim Ziehen das Gesäß fest
anzuspannen.

Sie fassen das Band mit beiden Händen und vor dem Kopf und ziehen die gestreckten Arme leicht nach hinten.

Stellen Sie sich etwas breitbeinig hin, um Ihren Rücken zu stabilisieren und ein Hohlkreuz zu vermeiden; versuchen Sie, den Rumpf möglichst wenig zu bewegen.

Ein Partner, hier der Mann, führt den gebeugten Arm nach oben, dabei bleibt der Ellbogen angewinkelt.

Der andere Partner führt gleichzeitig den gestreckten Arm neben den Körper, dabei zeigt der Daumen vom Körper weg.

Beide Partner drücken den Handrücken der anderen Hand gegen
ihr Gesäß, um den Rücken zu stabilisieren.

Im Grätschstand fixieren Sie das Thera-Band in Höhe Ihres Hinterkopfes, nun strecken und beugen Sie Ihre Arme, der Partner steht breitbeinig, um seinen Rücken zu stabilisieren.

Sie greifen das Thera-Band mit beiden Händen und bewegen Ihre
Oberkörper gleichzeitig vor und zurück. Dabei achten Sie darauf,
Arme und Schultern während der Übung möglichst stabil zu hal-
ten; stehen Sie dabei breitbeinig.

Sie liegen auf dem Rücken und drücken Ihre Fersen gegen den
Boden. Dann ziehen Sie das Thera-Band beide gleichzeitig bis in
Brusthöhe und halten es dort für einige Sekunden. Dann wird
das Band langsam wieder zurückgeführt.

Wichtig ist, dass Sie den Kopf in Verlängerung der Wirbelsäule halten und ihn am Boden liegen lassen. Sie können Ihre Wirbelsäule hier auch durch ein Polster oder Kissen unterstützen.

Mit beiden Händen fassen Sie das Thera-Band und ziehen es gleichzeitig vor dem Körper nach außen, dabei stehen Sie breitbeinig. Dann lassen Sie das Band langsam wieder in die Ausgangsposition zurück.

Wichtig ist, dass Sie nur Arme und Oberkörper bewegen, Becken
und Beine sollen möglichst stabil bleiben.

Auf dem Rücken liegend, drücken Sie Ihre Handrücken kräftig
gegen den Boden und führen Ihre Füße nach außen. Dabei soll das
Becken möglichst stabil liegen bleiben.

(1) Sie stehen mit jeweils leicht gebeugten Beinen einander gegenüber und ziehen das Bein nach hinten und führen es langsam wieder zurück.

(2) Sie stehen nebeneinander und führen das äußere Bein nach außen und langsam wieder zurück.

(3) Sie stehen mit den Rücken zueinander und ziehen ein Bein nach vorn und langsam wieder zurück.

(4) Sie stehen nebeneinander und ziehen das jeweilige Bein nach innen und führen es langsam wieder zurück. Achten Sie bei allen Übungsvariationen darauf, dass das Standbein jeweils leicht gebeugt ist.

Trainingspläne

Die Pläne (ohne Thera-Band®-Übungen) sollen Ihnen den Einstieg in
ein Fitnessprogramm erleichtern. Die Programme bieten eine ausge-
wogene und aufeinander abgestimmte Übungsfolge. Wenn Sie zusätzliche individuelle Figur- und Fitnesswünsche haben, dann können Sie
die Programme nach Ihren Bedürfnissen ergänzen bzw. verändern.
Orientieren Sie sich dabei an den RPE-Werten (S. 29).

Partnergymnastikprogramm 1

Die RPE-Werte (vgl. Seite 29) sollten bei diesem Programm im Auf-
und Abwärmen bei ca. RPE 11–13 liegen. Im Hauptteil (Partnergymnastik) bei ca. RPE 14–15.

Aufwärmen	A	1
		2
		3,
		7

Dehnungen	D	1
		5
		13
		14
		15
		17
		19

Partnergymnastik	P	1
		7
		12
		14

19
27
35
43
48
51
55
56
62
68

Abwärmen **A** 7
1

Partnergymnastikprogramm 2

Die RPE-Werte (vgl. Seite 29) sollten bei diesem Programm im Auf-
und Abwärmen bei ca. RPE 12–14 liegen. Im Hauptteil (Partnergymnastik) bei ca. RPE 14–16.

Aufwärmen **A** 1
2
3
6
7
8
9

Dehnungen **D** 1
3
5
6
10
12

Die Autoren

Sabine Freiwald, Jahrgang 1963, ist staatlich geprüfte Gymnastiklehrerin. Nach ihrer Ausbildung sammelte sie als Fitnesstrainerin zwei Jahre Erfahrungen im Ausland. Nach Deutschland zurückgekehrt, war sie als Geschäftsführerin in einem Frauen-Fitness-Studio tätig, bevor sie sich mit einem Frauenstudio selbständig machte. Seit 1995 ist sie Geschäftsführerin einer Kongressgesellschaft (PMT), die medizinische und sportwissenschaftliche Symposien und Kongresse organisiert.

Prof. Dr. Jürgen Freiwald, Jahrgang 1957, ist Universitätsprofessor an der Bergischen Universität Gesamthochschule Wuppertal. Seit vielen Jahren beschäftigt er sich mit Trainingsthemen, besonders mit präventiven und rehabilitativen Maßnahmen im Sport.

Bücher zum Thema

S. Schönthaler / H. Hofmann
Das Bodyprogramm. Die besten Übungen für Kraft, Beweglichkeit und Entspannung (rororo 61005)

H.-D. Kempf
Rückentraining mit dem Thera-Band®. Fit und gesund mit Kleingeräten (rororo 61001)

O. Petersen
Lifepower – Das Anti-Aging-Programm. Mit Entspannungs-CD (rororo 61000)

C. Gottschall / S. Heilig
Trainingsbuch Fatburner. Der leichte Weg zum richtigen Gewicht (rororo 19498)

T. Dargatz / A. Koch
Starke Muskeln – gesunder Körper. Das Kompaktprogramm für jedermann (rororo 19495)

A. Wnuck
Bodytrainer Tubing. Der effektive Weg zu besserer Fitness und einer guten Figur (rororo 19493)

C. Anrich
Trainingsbuch Beweglichkeit. Mehr Erfolg durch den PI-Effekt (rororo 19490)

H.-D. Kempf / A. Strack
Krafttraining mit dem Thera-Band®. Die besten Übungen (rororo 19484)

H.-D. Kempf / A. Lowis
Fit und schön mit dem Thera-Band®. Trainingsbuch für Frauen
(rororo 19479)

B. Breitenstein
Bodybuilding. Die besten Übungen (rororo 19483)

H. H. Fach
Trainingsbuch Bauchmuskulatur (rororo 19469)

H.-D. Kempf / F. Schmelcher / C. Ziegler
Trainingsbuch Thera-Band® (rororo 19452)

I. Froböse / S. Waffenschmidt
Trainingsbuch Indoor-Cycling. Die besten Programme für Ausdauer
und Gesundheit (rororo 61008)

T. Tschirner / C. Wolters
Bodyconcept Bauch. Der ultimative Kraft-, Ausdauer- und
Ernährungsguide (rororo 61140)

H.-D. Kempf / A. Strack
Der Hantel-Krafttrainer. Die besten Übungen (rororo 61013)